QUIRGUIZ
VOCABULÁRIO

PALAVRAS MAIS ÚTEIS

PORTUGUÊS
QUIRGUIZ

Para alargar o seu léxico e apurar
as suas competências linguísticas

7000 palavras

Vocabulário Português-Quirguiz - 7000 palavras
Por Andrey Taranov

Os vocabulários da T&P Books destinam-se a ajudar a aprender, a memorizar, e a rever palavras estrangeiras. O dicionário é dividido em temas, cobrindo todas as principais esferas de atividades quotidianas, negócios, ciência, cultura, etc.

O processo de aprendizagem, utilizando os dicionários baseados em temáticas da T&P Books dá-lhe as seguintes vantagens:

- Informação de origem corretamente agrupada predetermina o sucesso em fases subsequentes da memorização de palavras
- Disponibilização de palavras derivadas da mesma raiz, o que permite a memorização de unidades de texto (em vez de palavras separadas)
- Pequenas unidades de palavras facilitam o processo de estabelecimento de vínculos associativos necessários para a consolidação do vocabulário
- O nível de conhecimento da língua pode ser estimado pelo número de palavras aprendidas

T&P Books Publishing
www.tpbooks.com

ISBN: 978-1-78767-048-8

Este livro também está disponível em formato E-book.
Por favor visite www.tpbooks.com ou as principais livrarias on-line.

VOCABULÁRIO QUIRGUIZ
palavras mais úteis

Os vocabulários da T&P Books destinam-se a ajudar a aprender, a memorizar, e a rever palavras estrangeiras. O vocabulário contém mais de 7000 palavras de uso comum organizadas tematicamente.

O vocabulário contém as palavras mais comummente usadas
Recomendado como adicional para qualquer curso de línguas
Satisfaz as necessidades dos iniciados e dos alunos avançados de línguas estrangeiras
Conveniente para o uso diário, sessões de revisão e atividades de auto-teste
Permite avaliar o seu vocabulário

Características especias do vocabulário

- As palavras estão organizadas de acordo com o seu significado, e não por ordem alfabética
- As palavras são apresentadas em três colunas para facilitar os processos de revisão e auto-teste
- As palavras compostas são divididas em pequenos blocos para facilitar o processo de aprendizagem
- O vocabulário oferece uma transcrição simples e adequada de cada palavra estrangeira

O vocabulário contém 198 tópicos incluindo:

Conceitos básicos, Números, Cores, Meses, Estações do ano, Unidades de medida, Roupas & Acessórios, Alimentos & Nutrição, Restaurante, Membros da Família, Parentes, Caráter, Sentimentos, Emoções, Doenças, Cidade, Passeios, Compras, Dinheiro, Casa, Lar, Escritório, Trabalho no Escritório, Importação & Exportação, Marketing, Pesquisa de Emprego, Desportos, Educação, Computador, Internet, Ferramentas, Natureza, Países, Nacionalidades e muito mais ...

TABELA DE CONTEÚDOS

GUIA DE PRONUNCIAÇÃO

Alfabeto fonético T&P	Exemplo quirguiz	Exemplo Português
[a]	манжа [mandʒa]	chamar
[e]	келечек [keletʃek]	metal
[i]	жигит [dʒigit]	sinónimo
[ɪ]	кубаныч [kubanɪtʃ]	sinónimo
[o]	мактоо [maktoo]	lobo
[u]	узундук [uzunduk]	bonita
[ʉ]	алюминий [alʉminij]	nacional
[y]	түнкү [tynky]	questionar
[b]	ашкабак [aʃkabak]	barril
[d]	адам [adam]	dentista
[dʒ]	жыгач [dʒɪgatʃ]	adjetivo
[f]	флейта [flejta]	safári
[g]	тегерек [tegerek]	gosto
[j]	бөйрөк [bøjrøk]	géiser
[k]	карапа [karapa]	kiwi
[l]	алтын [altɪn]	libra
[m]	бешмант [beʃmant]	magnólia
[n]	найза [najza]	natureza
[ŋ]	булуң [buluŋ]	alcançar
[p]	пайдубал [pajdubal]	presente
[r]	рахмат [raχmat]	riscar
[s]	сагызган [sagɪzgan]	sanita
[ʃ]	бурулуш [buruluʃ]	mês
[t]	түтүн [tytyn]	tulipa
[χ]	пахтадан [paχtadan]	spagnolo - Juan
[ts]	шприц [ʃprits]	tsé-tsé
[tʃ]	биринчи [birintʃi]	Tchau!
[v]	квартал [kvartal]	fava
[z]	казуу [kazuu]	sésamo
[ʲ]	руль, актёр [rulʲ, aktʲor]	sinal de palatalização
[ʰ]	объектив [obʰjektiv]	sinal forte

ABREVIATURAS
usadas no vocabulário

Abreviaturas do Português

adj	-	adjetivo
adv	-	advérbio
anim.	-	animado
conj.	-	conjunção
desp.	-	desporto
etc.	-	etecetra
ex.	-	por exemplo
f	-	nome feminino
f pl	-	feminino plural
fem.	-	feminino
inanim.	-	inanimado
m	-	nome masculino
m pl	-	masculino plural
m, f	-	masculino, feminino
masc.	-	masculino
mat.	-	matemática
mil.	-	militar
pl	-	plural
prep.	-	preposição
pron.	-	pronome
sb.	-	sobre
sing.	-	singular
v aux	-	verbo auxiliar
vi	-	verbo intransitivo
vi, vt	-	verbo intransitivo, transitivo
vr	-	verbo reflexivo
vt	-	verbo transitivo

CONCEITOS BÁSICOS

Conceitos básicos. Parte 1

1. Pronomes

eu	мен, мага	men, maga
tu	сен	sen
ele, ela	ал	al
eles, elas	алар	alar

2. Cumprimentos. Saudações. Despedidas

Olá!	Салам!	salam!
Bom dia! (formal)	Саламатсызбы!	salamatsızbı!
Bom dia! (de manhã)	Кутман таңыңыз менен!	kutman taŋıŋız menen!
Boa tarde!	Кутман күнүңүз менен!	kutman kynyŋyz menen!
Boa noite!	Кутман кечиңиз менен!	kutman ketʃiŋiz menen!
cumprimentar (vt)	учурашуу	utʃuraʃuu
Olá!	Кандай!	kandaj!
saudação (f)	салам	salam
saudar (vt)	саламдашуу	salamdaʃuu
Como vai?	Иштериңиз кандай?	iʃteriŋiz kandaj?
Como vais?	Иштер кандай?	iʃter kandaj?
O que há de novo?	Эмне жаңылык?	emne dʒaŋılık?
Até à vista!	Көрүшкөнче!	køryʃkøntʃø!
Até breve!	Эмки жолукканга чейин!	emki dʒolukkanga tʃejin!
Adeus! (sing.)	Кош бол!	koʃ bol!
Adeus! (pl)	Кош болуңуз!	koʃ boluŋuz!
despedir-se (vr)	коштошуу	koʃtoʃuu
Até logo!	Жакшы кал!	dʒakʃı kal!
Obrigado! -a!	Рахмат!	raχmat!
Muito obrigado! -a!	Чоң рахмат!	tʃoŋ raχmat!
De nada	Эч нерсе эмес	etʃ nerse emes
Não tem de quê	Алкышка арзыбайт	alkıʃka arzıbajt
De nada	Эчтеке эмес.	etʃteke emes
Desculpa!	Кечир!	ketʃir!
Desculpe!	Кечирип коюңузчу!	ketʃirip kojuŋuztʃu!
desculpar (vt)	кечирүү	ketʃiryy
desculpar-se (vr)	кечирим суроо	ketʃirim suroo
As minhas desculpas	Кечирим сурайм.	ketʃirim surajm
Desculpe!	Кечиресиз!	ketʃiresiz!

perdoar (vt)	кечирүү	ketʃiryy
Não faz mal	Эч капачылык жок.	etʃ kapatʃılık dʒok
por favor	суранам	suranam

Não se esqueça!	Унутуп калбаңыз!	unutup kalbaŋız!
Certamente! Claro!	Албетте!	albette!
Claro que não!	Албетте жок!	albette dʒok!
Está bem! De acordo!	Макул!	makul!
Basta!	Жетишет!	dʒetiʃet!

3. Números cardinais. Parte 1

zero	нөл	nøl
um	бир	bir
dois	эки	eki
três	үч	ytʃ
quatro	төрт	tørt

cinco	беш	beʃ
seis	алты	altı
sete	жети	dʒeti
oito	сегиз	segiz
nove	тогуз	toguz

dez	он	on
onze	он бир	on bir
doze	он эки	on eki
treze	он үч	on ytʃ
catorze	он төрт	on tørt

quinze	он беш	on beʃ
dezasseis	он алты	on altı
dezassete	он жети	on dʒeti
dezoito	он сегиз	on segiz
dezanove	он тогуз	on toguz

vinte	жыйырма	dʒıjırma
vinte e um	жыйырма бир	dʒıjırma bir
vinte e dois	жыйырма эки	dʒıjırma eki
vinte e três	жыйырма үч	dʒıjırma ytʃ

trinta	отуз	otuz
trinta e um	отуз бир	otuz bir
trinta e dois	отуз эки	otuz eki
trinta e três	отуз үч	otuz ytʃ

quarenta	кырк	kırk
quarenta e dois	кырк эки	kırk eki
quarenta e três	кырк үч	kırk ytʃ

cinquenta	элүү	elyy
cinquenta e um	элүү бир	elyy bir
cinquenta e dois	элүү эки	elyy eki
cinquenta e três	элүү үч	elyy ytʃ

sessenta	алтымыш	altımıʃ
sessenta e um	алтымыш бир	altımıʃ bir
sessenta e dois	алтымыш эки	altımıʃ eki
sessenta e três	алтымыш үч	altımıʃ ytʃ

setenta	жетимиш	dʒetimiʃ
setenta e um	жетимиш бир	dʒetimiʃ bir
setenta e dois	жетимиш эки	dʒetimiʃ eki
setenta e três	жетимиш үч	dʒetimiʃ ytʃ

oitenta	сексен	seksen
oitenta e um	сексен бир	seksen bir
oitenta e dois	сексен эки	seksen eki
oitenta e três	сексен үч	seksen ytʃ

noventa	токсон	tokson
noventa e um	токсон бир	tokson bir
noventa e dois	токсон эки	tokson eki
noventa e três	токсон үч	tokson ytʃ

4. Números cardinais. Parte 2

cem	бир жүз	bir dʒyz
duzentos	эки жүз	eki dʒyz
trezentos	үч жүз	ytʃ dʒyz
quatrocentos	төрт жүз	tørt dʒyz
quinhentos	беш жүз	beʃ dʒyz

seiscentos	алты жүз	altı dʒyz
setecentos	жети жүз	dʒeti dʒyz
oitocentos	сегиз жүз	segiz dʒyz
novecentos	тогуз жүз	toguz dʒyz

mil	бир миң	bir miŋ
dois mil	эки миң	eki miŋ
De quem são ...?	үч миң	ytʃ miŋ
dez mil	он миң	on miŋ
cem mil	жүз миң	dʒyz miŋ
um milhão	миллион	million
mil milhões	миллиард	milliard

5. Números. Frações

fração (f)	бөлчөк	bøltʃøk
um meio	экиден бир	ekiden bir
um terço	үчтөн бир	ytʃtøn bir
um quarto	төрттөн бир	tørttøn bir

um oitavo	сегизден бир	segizden bir
um décimo	тогуздан бир	toguzdan bir
dois terços	үчтөн эки	ytʃtøn eki
três quartos	төрттөн үч	tørttøn ytʃ

6. Números. Operações básicas

subtração (f)	кемитүү	kemityy
subtrair (vi, vt)	кемитүү	kemityy
divisão (f)	бөлүү	bølyy
dividir (vt)	бөлүү	bølyy
adição (f)	кошуу	koʃuu
somar (vt)	кошуу	koʃuu
adicionar (vt)	кошуу	koʃuu
multiplicação (f)	көбөйтүү	købøjtyy
multiplicar (vt)	көбөйтүү	købøjtyy

7. Números. Diversos

algarismo, dígito (m)	санарип	sanarip
número (m)	сан	san
numeral (m)	сан атооч	san atooʧ
menos (m)	кемитүү	kemityy
mais (m)	плюс	plus
fórmula (f)	формула	formula
cálculo (m)	эсептөө	eseptøø
contar (vt)	саноо	sanoo
calcular (vt)	эсептөө	eseptøø
comparar (vt)	салыштыруу	saliʃtıruu
Quanto, -os, -as?	Канча?	kanʧa?
soma (f)	жыйынтык	dʒıjıntık
resultado (m)	натыйжа	natıjdʒa
resto (m)	калдык	kaldık
alguns, algumas …	бир нече	bir netʃe
um pouco de …	биртике	bir az
poucos, -as (~ pessoas)	бир аз	bir az
um pouco (~ de vinho)	кичине	kitʃine
resto (m)	калганы	kalganı
um e meio	бир жарым	bir dʒarım
dúzia (f)	он эки даана	on eki daana
ao meio	тең экиге	teŋ ekige
em partes iguais	тең	teŋ
metade (f)	жарым	dʒarım
vez (f)	бир жолу	bir dʒolu

8. Os verbos mais importantes. Parte 1

abrir (vt)	ачуу	aʧuu
acabar, terminar (vt)	бүтүрүү	bytyryy
aconselhar (vt)	кеңеш берүү	keŋeʃ beryy
adivinhar (vt)	жандырмагын табуу	dʒandırmagın tabuu

advertir (vt)	эскертүү	eskertyy
ajudar (vt)	жардам берүү	dʒardam beryy
almoçar (vi)	түштөнүү	tyʃtønyy
alugar (~ um apartamento)	батирге алуу	batirge aluu
amar (vt)	сүйүү	syjyy
ameaçar (vt)	коркутуу	korkutuu
anotar (escrever)	кагазга түшүрүү	kagazga tyʃyryy
apanhar (vt)	кармоо	karmoo
apressar-se (vr)	шашуу	ʃaʃuu
arrepender-se (vr)	өкүнүү	økynyy
assinar (vt)	кол коюу	kol kojɯu
atirar, disparar (vi)	атуу	atuu
brincar (vi)	тамашалоо	tamaʃaloo
brincar, jogar (crianças)	ойноо	ojnoo
buscar (vt)	… издөө	… izdøø
caçar (vi)	аңчылык кылуу	aɳtʃɯlɯk kɯluu
cair (vi)	жыгылуу	dʒɯgɯluu
cavar (vt)	казуу	kazuu
cessar (vt)	токтотуу	toktotuu
chamar (~ por socorro)	чакыруу	tʃakɯruu
chegar (vi)	келүү	kelyy
chorar (vi)	ыйлоо	ɯjloo
começar (vt)	баштоо	baʃtoo
comparar (vt)	салыштыруу	salɯʃtɯruu
compreender (vt)	түшүнүү	tyʃynyy
concordar (vi)	макул болуу	makul boluu
confiar (vt)	ишенүү	iʃenyy
confundir (equivocar-se)	адаштыруу	adaʃtɯruu
conhecer (vt)	таануу	taanuu
contar (fazer contas)	саноо	sanoo
contar com (esperar)	… ишенүү	… iʃenyy
continuar (vt)	улантуу	ulantuu
controlar (vt)	башкаруу	baʃkaruu
convidar (vt)	чакыруу	tʃakɯruu
correr (vi)	чуркоо	tʃurkoo
criar (vt)	жаратуу	dʒaratuu
custar (vt)	туруу	turuu

9. Os verbos mais importantes. Parte 2

dar (vt)	берүү	beryy
dar uma dica	четин чыгаруу	tʃetin tʃɯgaruu
decorar (enfeitar)	кооздоо	koozdoo
defender (vt)	коргоо	korgoo
deixar cair (vt)	түшүрүп алуу	tyʃyryp aluu
descer (para baixo)	ылдый түшүү	ɯldɯj tyʃyy
desculpar (vt)	кечирүү	ketʃiryy

desculpar-se (vr)	кечирим суроо	ketʃirim suroo
dirigir (~ uma empresa)	башкаруу	baʃkaruu
discutir (notícias, etc.)	талкуулоо	talkuuloo
dizer (vt)	айтуу	ajtuu

duvidar (vt)	күмөн саноо	kymøn sanoo
encontrar (achar)	таап алуу	taap aluu
enganar (vt)	алдоо	aldoo
entrar (na sala, etc.)	кирүү	kiryy
enviar (uma carta)	жөнөтүү	dʒønøtyy

errar (equivocar-se)	ката кетирүү	kata ketiryy
escolher (vt)	тандоо	tandoo
esconder (vt)	жашыруу	dʒaʃıruu
escrever (vt)	жазуу	dʒazuu
esperar (o autocarro, etc.)	күтүү	kytyy

esperar (ter esperança)	үмүттөнүү	ymyttønyy
esquecer (vt)	унутуу	unutuu
estudar (vt)	окуу	okuu
exigir (vt)	талап кылуу	talap kıluu
existir (vi)	чыгуу	tʃıguu

explicar (vt)	түшүндүрүү	tyʃyndyryy
falar (vi)	сүйлөө	syjløø
faltar (clases, etc.)	калтыруу	kaltıruu
fazer (vt)	кылуу	kıluu
ficar em silêncio	унчукпоо	untʃukpoo
gabar-se, jactar-se (vr)	мактануу	maktanuu

gostar (apreciar)	жактыруу	dʒaktıruu
gritar (vi)	кыйкыруу	kıjkıruu
guardar (cartas, etc.)	сактоо	saktoo
informar (vt)	маалымат берүү	maalımat beryy
insistir (vi)	көшөрүү	køʃøryy

insultar (vt)	кемсинтүү	kemsintyy
interessar-se (vr)	... кызыгуу	... kızıguu
ir (a pé)	жөө басуу	dʒøø basuu
ir nadar	сууга түшүү	suuga tyʃyy
jantar (vi)	кечки тамакты ичүү	ketʃki tamaktı itʃyy

10. Os verbos mais importantes. Parte 3

ler (vt)	окуу	okuu
libertar (cidade, etc.)	бошотуу	boʃotuu
matar (vt)	өлтүрүү	øltyryy
mencionar (vt)	айтып өтүү	ajtıp øtyy
mostrar (vt)	көрсөтүү	kørsøtyy

mudar (modificar)	өзгөртүү	øzgørtyy
nadar (vi)	сүзүү	syzyy
negar-se a ...	баш тартуу	baʃ tartuu
objetar (vt)	каршы болуу	karʃı boluu

observar (vt)	байкоо салуу	bajkoo
ordenar (mil.)	буйрук кылуу	bujruk kıluu
ouvir (vt)	угуу	uguu
pagar (vt)	төлөө	tøløø
parar (vi)	токтоо	toktoo
participar (vi)	катышуу	katıʃuu
pedir (comida)	буйрутма кылуу	bujrutma kıluu
pedir (um favor, etc.)	суроо	suroo
pegar (tomar)	алуу	aluu
pensar (vt)	ойлоо	ojloo
perceber (ver)	байкоо	bajkoo
perdoar (vt)	кечирүү	ketʃiryy
perguntar (vt)	суроо	suroo
permitir (vt)	уруксат берүү	uruksat beryy
pertencer a ...	таандык болуу	taandık boluu
planear (vt)	пландаштыруу	plandaʃtıruu
poder (vi)	жасай алуу	dʒasaj aluu
possuir (vt)	ээ болуу	ee boluu
preferir (vt)	артык көрүү	artık køryy
preparar (vt)	тамак бышыруу	tamak bıʃiruu
prever (vt)	күтүү	kytyy
prometer (vt)	убада берүү	ubada beryy
pronunciar (vt)	айтуу	ajtuu
propor (vt)	сунуштоо	sunuʃtoo
punir (castigar)	жазалоо	dʒazaloo

11. Os verbos mais importantes. Parte 4

quebrar (vt)	сындыруу	sındıruu
queixar-se (vr)	арыздануу	arızdanuu
querer (desejar)	каалоо	kaaloo
recomendar (vt)	сунуштоо	sunuʃtoo
repetir (dizer outra vez)	кайталоо	kajtaloo
repreender (vt)	урушуу	uruʃuu
reservar (~ um quarto)	камдык буйрутмалоо	kamdık bujrutmaloo
responder (vt)	жооп берүү	dʒoop beryy
rezar, orar (vi)	дуба кылуу	duba kıluu
rir (vi)	күлүү	kylyy
roubar (vt)	уурдоо	uurdoo
saber (vt)	билүү	bilyy
sair (~ de casa)	чыгуу	tʃıguu
salvar (vt)	куткаруу	kutkaruu
seguir ...	... ээрчүү	... eertʃyy
sentar-se (vr)	отуруу	oturuu
ser necessário	керек болуу	kerek boluu
ser, estar	болуу	boluu
significar (vt)	билдирүү	bildiryy

sorrir (vi)	жылмаюу	dʒɪlmadʒʉu
subestimar (vt)	баалабоо	baalaboo
surpreender-se (vr)	таң калуу	taŋ kaluu
tentar (vt)	аракет кылуу	araket kɪluu
ter (vt)	бар болуу	bar boluu
ter fome	ачка болуу	atʃka boluu
ter medo	жазкануу	dʒazkanuu
ter sede	суусап калуу	suusap kaluu
tocar (com as mãos)	тийүү	tijyy
tomar o pequeno-almoço	эртең менен тамактануу	erteŋ menen tamaktanuu
trabalhar (vi)	иштөө	iʃtøø
traduzir (vt)	которуу	kotoruu
unir (vt)	бириктирүү	biriktiryy
vender (vt)	сатуу	satuu
ver (vt)	көрүү	køryy
virar (ex. ~ à direita)	бурулуу	buruluu
voar (vi)	учуу	utʃuu

12. Cores

cor (f)	түс	tys
matiz (m)	кошумча түс	koʃumtʃa tys
tom (m)	кубулуу	kubuluu
arco-íris (m)	күндүн кулагы	kyndyn kulagɪ
branco	ак	ak
preto	кара	kara
cinzento	боз	boz
verde	жашыл	dʒaʃɪl
amarelo	сары	sarɪ
vermelho	кызыл	kɪzɪl
azul	көк	køk
azul claro	көгүлтүр	køgyltyr
rosa	мала	mala
laranja	кызгылт сары	kɪzgɪlt sarɪ
violeta	сыя көк	sɪja køk
castanho	күрөң	kyrøŋ
dourado	алтын түстүү	altɪn tystyy
prateado	күмүш өңдүү	kymyʃ øŋdyy
bege	сары боз	sarɪ boz
creme	саргылт	sargɪlt
turquesa	бирюза	birʉza
vermelho cereja	кочкул кызыл	kotʃkul kɪzɪl
lilás	кызгылт көгүш	kɪzgɪlt køgyʃ
carmesim	ачык кызыл	atʃɪk kɪzɪl
claro	ачык	atʃɪk
escuro	күңүрт	kyŋyrt

vivo	ачык	atʃık
de cor	түстүү	tystyy
a cores	түстүү	tystyy
preto e branco	ак-кара	ak-kara
unicolor	бир өңчөй түстө	bir øɲtʃøj tystø
multicor	ар түрдүү түстө	ar tyrdyy tystø

13. Questões

Quem?	Ким?	kim?
Que?	Эмне?	emne?
Onde?	Каерде?	kaerde?
Para onde?	Каяка?	kajaka?
De onde?	Каяктан?	kajaktan?
Quando?	Качан?	katʃan?
Para quê?	Эмне үчүн?	emne ytʃyn?
Porquê?	Эмнеге?	emnege?

Para quê?	Кайсы керекке?	kajsı kerekke?
Como?	Кандай?	kandaj?
Qual?	Кайсы?	kajsı?
Qual? (entre dois ou mais)	Кайсынысы?	kajsınısı?

A quem?	Кимге?	kimge?
Sobre quem?	Ким жөнүндө?	kim dʒønyndø?
Do quê?	Эмне жөнүндө?	emne dʒønyndø?
Com quem?	Ким менен?	kim menen?

Quanto, -os, -as?	Канча?	kantʃa?
De quem? (masc.)	Кимдики?	kimdiki?
De quem é? (fem.)	Кимдики?	kimdiki?
De quem são? (pl)	Кимдердики?	kimderdiki?

14. Palavras funcionais. Advérbios. Parte 1

Onde?	Каерде?	kaerde?
aqui	бул жерде	bul dʒerde
lá, ali	тээтигил жакта	teetigil dʒakta

| em algum lugar | бир жерде | bir dʒerde |
| em lugar nenhum | эч жакта | etʃ dʒakta |

| ao pé de ... | ... жанында | ... dʒanında |
| ao pé da janela | терезенин жанында | terezenin dʒanında |

Para onde?	Каяка?	kajaka?
para cá	бери	beri
para lá	нары	narı
daqui	бул жерден	bul dʒerden
de lá, dali	тигил жерден	tigil dʒerden
perto	жакын	dʒakın
longe	алыс	alıs

perto de …	… тегерегинде	… tegereginde
ao lado de	жакын арада	dʒakın arada
perto, não fica longe	алыс эмес	alıs emes
esquerdo	сол	sol
à esquerda	сол жакта	sol dʒakta
para esquerda	солго	solgo
direito	оң	oŋ
à direita	оң жакта	oŋ dʒakta
para direita	оңго	oŋgo
à frente	астыда	astıda
da frente	алдыңкы	aldıŋkı
em frente (para a frente)	алдыга	aldıga
atrás de …	артында	artında
por detrás (vir ~)	артынан	artınan
para trás	артка	artka
meio (m), metade (f)	ортосу	ortosu
no meio	ортосунда	ortosunda
de lado	капталында	kaptalında
em todo lugar	бүт жерде	byt dʒerde
ao redor (olhar ~)	айланасында	ajlanasında
de dentro	ичинде	itʃinde
para algum lugar	бир жерде	bir dʒerde
diretamente	түз	tyz
de volta	кайра	kajra
de algum lugar	бир жерден	bir dʒerden
de um lugar	бир жактан	bir dʒaktan
em primeiro lugar	биринчиден	birintʃiden
em segundo lugar	экинчиден	ekintʃiden
em terceiro lugar	үчүнчүдөн	ytʃyntʃydøn
de repente	күтпөгөн жерден	kytpøgøn dʒerden
no início	башында	baʃında
pela primeira vez	биринчи жолу	birintʃi dʒolu
muito antes de …	… алдында	… aldında
de novo, novamente	башынан	baʃınan
para sempre	түбөлүккө	tybølykkø
nunca	эч качан	etʃ katʃan
de novo	кайра	kajra
agora	эми	emi
frequentemente	көпчүлүк учурда	køptʃylyk utʃurda
então	анда	anda
urgentemente	тезинен	tezinen
usualmente	көбүнчө	købyntʃø
a propósito, …	баса, …	basa, …
é possível	мүмкүн	mymkyn

provavelmente	балким	balkim
talvez	ыктымал	ıktımal
além disso, ...	андан тышкары, ...	andan tıʃkarı, ...
por isso ...	ошондуктан ...	oʃonduktan ...
apesar de ...	... карабастан	... karabastan
graças a ...	... күчү менен	... kytʃy menen

que (pron.)	эмне	emne
que (conj.)	эмне	emne
algo	бир нерсе	bir nerse
alguma coisa	бир нерсе	bir nerse
nada	эч нерсе	etʃ nerse

quem	ким	kim
alguém (~ teve uma ideia ...)	кимдир бирөө	kimdir birøø
alguém	бирөө жарым	birøø dʒarım

ninguém	эч ким	etʃ kim
para lugar nenhum	эч жака	etʃ dʒaka
de ninguém	эч кимдики	etʃ kimdiki
de alguém	бирөөнүкү	birøønyky

tão	эми	emi
também (gostaria ~ de ...)	ошондой эле	oʃondoj ele
também (~ eu)	дагы	dagı

15. Palavras funcionais. Advérbios. Parte 2

Porquê?	Эмнеге?	emnege?
por alguma razão	эмнегедир	emnegedir
porque ...	... себептен	... sebepten
por qualquer razão	эмне үчүндүр	emne ytʃyndyr

e (tu ~ eu)	жана	dʒana
ou (ser ~ não ser)	же	dʒe
mas (porém)	бирок	birok
para (~ a minha mãe)	үчүн	ytʃyn

demasiado, muito	өтө эле	øtø ele
só, somente	азыр эле	azır ele
exatamente	так	tak
cerca de (~ 10 kg)	болжол менен	boldʒol menen

aproximadamente	болжол менен	boldʒol menen
aproximado	болжолдуу	boldʒolduu
quase	дээрлик	deerlik
resto (m)	калганы	kalganı

o outro (segundo)	башка	baʃka
outro	башка бөлөк	baʃka bøløk
cada	ар бири	ar biri
qualquer	баардык	baardık
muito	көп	køp
muitas pessoas	көбү	køby

todos	баары	baarı
em troca de ...	... алмашуу	... almaʃuu
em troca	ордуна	orduna
à mão	колго	kolgo
pouco provável	ишенүүгө болбойт	iʃenyygø bolbojt

provavelmente	балким	balkim
de propósito	атайын	atajın
por acidente	кокустан	kokustan

muito	аябай	ajabaj
por exemplo	мисалы	misalı
entre	ортосунда	ortosunda
entre (no meio de)	арасында	arasında
tanto	ошончо	oʃontʃo
especialmente	өзгөчө	øzgøtʃø

Conceitos básicos. Parte 2

16. Opostos

| rico | бай | baj |
| pobre | кедей | kedej |

| doente | оорулуу | ooruluu |
| são | дени сак | deni sak |

| grande | чоң | ʧoŋ |
| pequeno | кичине | kiʧine |

| rapidamente | тез | tez |
| lentamente | жай | ʤaj |

| rápido | тез | tez |
| lento | жай | ʤaj |

| alegre | шайыр | ʃajır |
| triste | муңдуу | muŋduu |

| juntos | бирге | birge |
| separadamente | өзүнчө | øzynʧø |

| em voz alta (ler ~) | үн чыгарып | yn ʧıgarıp |
| para si (em silêncio) | үн чыгарбай | yn ʧıgarbaj |

| alto | бийик | bijik |
| baixo | жапыз | ʤapız |

| profundo | терең | tereŋ |
| pouco fundo | тайыз | tajız |

| sim | ооба | ooba |
| não | жок | ʤok |

| distante (no espaço) | алыс | alıs |
| próximo | жакын | ʤakın |

| longe | алыс | alıs |
| perto | жакын арада | ʤakın arada |

| longo | узун | uzun |
| curto | кыска | kıska |

| bom, bondoso | кайрымдуу | kajrımduu |
| mau | каардуу | kaarduu |

| casado | аялы бар | ajalı bar |

solteiro	бойдок	bojdok
proibir (vt)	тыюу салуу	tıjuu saluu
permitir (vt)	уруксат берүү	uruksat beryy
fim (m)	аягы	ajagı
começo (m)	башталыш	baʃtalıʃ
esquerdo	сол	sol
direito	оң	oŋ
primeiro	биринчи	birintʃi
último	акыркы	akırkı
crime (m)	кылмыш	kılmıʃ
castigo (m)	жаза	dʒaza
ordenar (vt)	буйрук кылуу	bujruk kıluu
obedecer (vt)	баш ийүү	baʃ ijyy
reto	түз	tyz
curvo	кыйшак	kıʃʃak
paraíso (m)	бейиш	bejiʃ
inferno (m)	тозок	tozok
nascer (vi)	төрөлүү	tørølyy
morrer (vi)	өлүү	ølyy
forte	күчтүү	kytʃtyy
fraco, débil	алсыз	alsız
idoso	эски	eski
jovem	жаш	dʒaʃ
velho	эски	eski
novo	жаңы	dʒaŋı
duro	катуу	katuu
mole	жумшак	dʒumʃak
tépido	жылуу	dʒıluu
frio	муздак	muzdak
gordo	семиз	semiz
magro	арык	arık
estreito	тар	tar
largo	кең	keŋ
bom	жакшы	dʒakʃı
mau	жаман	dʒaman
valente	кайраттуу	kajrattuu
cobarde	суу жүрөк	suu dʒyrøk

17. Dias da semana

segunda-feira (f)	дүйшөмбү	dyjʃømby
terça-feira (f)	шейшемби	ʃejʃembi
quarta-feira (f)	шаршемби	ʃarʃembi
quinta-feira (f)	бейшемби	bejʃembi
sexta-feira (f)	жума	dʒuma
sábado (m)	ишенби	iʃenbi
domingo (m)	жекшемби	dʒekʃembi
hoje	бүгүн	bygyn
amanhã	эртең	erteŋ
depois de amanhã	бирсүгүнү	birsygyny
ontem	кечээ	ketʃee
anteontem	мурда күнү	murda kyny
dia (m)	күн	kyn
dia (m) de trabalho	иш күнү	iʃ kyny
feriado (m)	майрам күнү	majram kyny
dia (m) de folga	дем алыш күн	dem alıʃ kyn
fim (m) de semana	дем алыш күндөр	dem alıʃ kyndør
o dia todo	күнү бою	kyny bojʉ
no dia seguinte	кийинки күнү	kijinki kyny
há dois dias	эки күн мурун	eki kyn murun
na véspera	жакында	dʒakında
diário	күндө	kyndø
todos os dias	күн сайын	kyn sajın
semana (f)	жума	dʒuma
na semana passada	өткөн жумада	øtkøn dʒumada
na próxima semana	келаткан жумада	kelatkan dʒumada
semanal	жума сайын	dʒuma sajın
cada semana	жума сайын	dʒuma sajın
duas vezes por semana	жумасына эки жолу	dʒumasına eki dʒolu
cada terça-feira	ар шейшемби	ar ʃejʃembi

18. Horas. Dia e noite

manhã (f)	таң	taŋ
de manhã	эртең менен	erteŋ menen
meio-dia (m)	жарым күн	dʒarım kyn
à tarde	түштөн кийин	tyʃtøn kijin
noite (f)	кеч	ketʃ
à noite (noitinha)	кечинде	ketʃinde
noite (f)	түн	tyn
à noite	түндө	tyndø
meia-noite (f)	жарым түн	dʒarım tyn
segundo (m)	секунда	sekunda
minuto (m)	мүнөт	mynøt
hora (f)	саат	saat

meia hora (f)	жарым саат	dʒarım saat
quarto (m) de hora	чейрек саат	tʃejrek saat
quinze minutos	он беш мүнөт	on beʃ mynøt
vinte e quatro horas	сутка	sutka

nascer (m) do sol	күндүн чыгышы	kyndyn tʃıgıʃı
amanhecer (m)	таң агаруу	taŋ agaruu
madrugada (f)	таң эрте	taŋ erte
pôr do sol (m)	күн батуу	kyn batuu

de madrugada	таң эрте	taŋ erte
hoje de manhã	бүгүн эртең менен	bygyn erteŋ menen
amanhã de manhã	эртең эртең менен	erteŋ erteŋ menen

hoje à tarde	күндүзү	kyndyzy
à tarde	түштөн кийин	tyʃtøn kijin
amanhã à tarde	эртең түштөн кийин	erteŋ tyʃtøn kijin

| hoje à noite | бүгүн кечинде | bygyn ketʃinde |
| amanhã à noite | эртең кечинде | erteŋ ketʃinde |

às três horas em ponto	туура саат үчтө	tuura saat ytʃtø
por volta das quatro	болжол менен төрт саат	boldʒol menen tørt saat
às doze	саат он экиде	saat on ekide

dentro de vinte minutos	жыйырма мүнөттөн кийин	dʒıjırma mynøttøn kijin
dentro duma hora	бир сааттан кийин	bir saattan kijin
a tempo	өз убагында	øz ubagında

menos um quarto	... он беш мүнөт калды	... on beʃ mynøt kaldı
durante uma hora	бир сааттын ичинде	bir saattın itʃinde
a cada quinze minutos	он беш мүнөт сайын	on beʃ mynøt sajın
as vinte e quatro horas	бир сутка бою	bir sutka boju

19. Meses. Estações

janeiro (m)	январь	janvarʲ
fevereiro (m)	февраль	fevralʲ
março (m)	март	mart
abril (m)	апрель	aprelʲ
maio (m)	май	maj
junho (m)	июнь	ijunʲ

julho (m)	июль	ijulʲ
agosto (m)	август	avgust
setembro (m)	сентябрь	sentʲabrʲ
outubro (m)	октябрь	oktʲabrʲ
novembro (m)	ноябрь	nojabrʲ
dezembro (m)	декабрь	dekabrʲ

primavera (f)	жаз	dʒaz
na primavera	жазында	dʒazında
primaveril	жазгы	dʒazgı
verão (m)	жай	dʒaj

| no verão | жайында | dʒajında |
| de verão | жайкы | dʒajkı |

outono (m)	күз	kyz
no outono	күзүндө	kyzyndø
outonal	күздүк	kyzdyk

inverno (m)	кыш	kıʃ
no inverno	кышында	kıʃinda
de inverno	кышкы	kıʃkı
mês (m)	ай	aj
este mês	ушул айда	uʃul ajda
no próximo mês	кийинки айда	kijinki ajda
no mês passado	өткөн айда	øtkøn ajda

há um mês	бир ай мурун	bir aj murun
dentro de um mês	бир айдан кийин	bir ajdan kijin
dentro de dois meses	эки айдан кийин	eki ajdan kijin
todo o mês	ай бою	aj bojʉ
um mês inteiro	толук бир ай	toluk bir aj

mensal	ай сайын	aj sajın
mensalmente	ай сайын	aj sajın
cada mês	ар бир айда	ar bir ajda
duas vezes por mês	айына эки жолу	ajına eki dʒolu

ano (m)	жыл	dʒıl
este ano	бул жылы	bul dʒılı
no próximo ano	келаткан жылы	kelatkan dʒılı
no ano passado	өткөн жылы	øtkøn dʒılı
há um ano	бир жыл мурун	bir dʒıl murun
dentro dum ano	бир жылдан кийин	bir dʒıldan kijin
dentro de 2 anos	эки жылдан кийин	eki dʒıldan kijin
todo o ano	жыл бою	dʒıl bodʒʉ
um ano inteiro	толук бир жыл	toluk bir dʒıl

cada ano	ар жыл сайын	ar dʒıl sajın
anual	жыл сайын	dʒıl sajın
anualmente	жыл сайын	dʒıl sajın
quatro vezes por ano	жылына төрт жолу	dʒılına tørt dʒolu

data (~ de hoje)	число	tʃislo
data (ex. ~ de nascimento)	күн	kyn
calendário (m)	календарь	kalendarʲ

meio ano	жарым жыл	dʒarım dʒıl
seis meses	жарым чейрек	dʒarım tʃejrek
estação (f)	мезгил	mezgil
século (m)	кылым	kılım

20. Tempo. Diversos

| tempo (m) | убакыт | ubakıt |
| momento (m) | учур | utʃur |

instante (m)	көз ирмемде	køz irmemde
instantâneo	көз ирмемде	køz irmemde
lapso (m) de tempo	убакыттын бир бөлүгү	ubakıttın bir bølygy
vida (f)	жашоо	dʒaʃoo
eternidade (f)	түбөлүк	tybølyk
época (f)	доор	door
era (f)	заман	zaman
ciclo (m)	мерчим	mertʃim
período (m)	мезгил	mezgil
prazo (m)	мөөнөт	møønøt
futuro (m)	келечек	keletʃek
futuro	келечек	keletʃek
da próxima vez	кийинки жолу	kijinki dʒolu
passado (m)	өткөн	øtkøn
passado	өткөн	øtkøn
na vez passada	өткөндө	øtkøndø
mais tarde	кийнчерээк	kijntʃereek
depois	кийин	kijin
atualmente	азыр, учурда	azır, utʃurda
agora	азыр	azır
imediatamente	тез арада	tez arada
em breve, brevemente	жакында	dʒakında
de antemão	алдын ала	aldın ala
há muito tempo	көп убакыт мурун	køp ubakıt murun
há pouco tempo	жакындан бери	dʒakından beri
destino (m)	тагдыр	tagdır
recordações (f pl)	эсте калганы	este kalganı
arquivo (m)	архив	arχiv
durante ...	... убагында	... ubagında
durante muito tempo	узак	uzak
pouco tempo	узак эмес	uzak emes
cedo (levantar-se ~)	эрте	erte
tarde (deitar-se ~)	кеч	ketʃ
para sempre	түбөлүк	tybølyk
começar (vt)	баштоо	baʃtoo
adiar (vt)	жылдыруу	dʒıldıruu
simultaneamente	бир учурда	bir utʃurda
permanentemente	үзгүлтүксүз	yzgyltyksyz
constante (ruído, etc.)	үзгүлтүксүз	yzgyltyksyz
temporário	убактылуу	ubaktıluu
às vezes	кедээ	kedee
raramente	чанда	tʃanda
frequentemente	көпчүлүк учурда	køptʃylyk utʃurda

21. Linhas e formas

quadrado (m)	чарчы	tʃartʃı
quadrado	чарчы	tʃartʃı

círculo (m)	тегерек	tegerek
redondo	тегерек	tegerek
triângulo (m)	үч бурчтук	ytʃ burtʃtuk
triangular	үч бурчтуу	ytʃ burtʃtuu

oval (f)	жумуру	dʒumuru
oval	жумуру	dʒumuru
retângulo (m)	тик бурчтук	tik burtʃtuk
retangular	тик бурчтуу	tik burtʃtuu

pirâmide (f)	пирамида	piramida
rombo, losango (m)	ромб	romb
trapézio (m)	трапеция	trapeʦija
cubo (m)	куб	kub
prisma (m)	призма	prizma

circunferência (f)	айлана	ajlana
esfera (f)	сфера	sfera
globo (m)	шар	ʃar
diâmetro (m)	диаметр	diametr
raio (m)	радиус	radius
perímetro (m)	периметр	perimetr
centro (m)	борбор	borbor

horizontal	туурасынан	tuurasınan
vertical	тикесинен	tikesinen
paralela (f)	параллель	parallelʲ
paralelo	параллель	parallelʲ

linha (f)	сызык	sızık
traço (m)	сызык	sızık
reta (f)	түз сызык	tyz sızık
curva (f)	кыйшык сызык	kıjʃık sızık
fino (linha ~a)	ичке	itʃke
contorno (m)	караан	karaan

interseção (f)	кесилиш	kesiliʃ
ângulo (m) reto	тик бурч	tik burtʃ
segmento (m)	сегмент	segment
setor (m)	сектор	sektor
lado (de um triângulo, etc.)	каптал	kaptal
ângulo (m)	бурч	burtʃ

22. Unidades de medida

peso (m)	салмак	salmak
comprimento (m)	узундук	uzunduk
largura (f)	жазылык	dʒazılık
altura (f)	бийиктик	bijiktik
profundidade (f)	терендик	terendik
volume (m)	көлөм	køløm
área (f)	аянт	ajant
grama (m)	грамм	gramm
miligrama (m)	миллиграмм	milligramm

quilograma (m)	килограмм	kilogramm
tonelada (f)	тонна	tonna
libra (453,6 gramas)	фунт	funt
onça (f)	унция	untsija
metro (m)	метр	metr
milímetro (m)	миллиметр	millimetr
centímetro (m)	сантиметр	santimetr
quilómetro (m)	километр	kilometr
milha (f)	миля	milʲa
polegada (f)	дюйм	dujm
pé (304,74 mm)	фут	fut
jarda (914,383 mm)	ярд	jard
metro (m) quadrado	квадраттык метр	kvadrattık metr
hectare (m)	гектар	gektar
litro (m)	литр	litr
grau (m)	градус	gradus
volt (m)	вольт	volʲt
ampere (m)	ампер	amper
cavalo-vapor (m)	ат күчү	at kytʃy
quantidade (f)	саны	sanı
um pouco de …	… бир аз	… bir az
metade (f)	жарым	dʒarım
dúzia (f)	он эки даана	on eki daana
peça (f)	даана	daana
dimensão (f)	чоңдук	tʃoŋduk
escala (f)	өлчөмчен	øltʃømtʃen
mínimo	минималдуу	minimalduu
menor, mais pequeno	эң кичинекей	eŋ kitʃinekej
médio	орточо	ortotʃo
máximo	максималдуу	maksimalduu
maior, mais grande	эң чоң	eŋ tʃoŋ

23. Recipientes

boião (m) de vidro	банка	banka
lata (~ de cerveja)	банка	banka
balde (m)	чака	tʃaka
barril (m)	бочка	botʃka
bacia (~ de plástico)	дагара	dagara
tanque (m)	бак	bak
cantil (m) de bolso	фляжка	flʲadʒka
bidão (m) de gasolina	канистра	kanistra
cisterna (f)	цистерна	tsısterna
caneca (f)	кружка	krudʒka
chávena (f)	чөйчөк	tʃøjtʃøk

pires (m)	табак	tabak
copo (m)	ыстакан	ıstakan
taça (f) de vinho	бокал	bokal
panela, caçarola (f)	мискей	miskej
garrafa (f)	бөтөлкө	bøtølkø
gargalo (m)	оозу	oozu
jarro, garrafa (f)	графин	grafin
jarro (m) de barro	кумура	kumura
recipiente (m)	идиш	idiʃ
pote (m)	карапа	karapa
vaso (m)	ваза	vaza
frasco (~ de perfume)	флакон	flakon
frasquinho (ex. ~ de iodo)	кичине бөтөлкө	kitʃine bøtølkø
tubo (~ de pasta dentífrica)	тюбик	tʉbik
saca (ex. ~ de açúcar)	кап	kap
saco (~ de plástico)	пакет	paket
maço (m)	пачке	patʃke
caixa (~ de sapatos, etc.)	куту	kutu
caixa (~ de madeira)	үкөк	ykøk
cesta (f)	себет	sebet

24. Materiais

material (m)	материал	material
madeira (f)	жыгач	dʒıgatʃ
de madeira	жыгач	dʒıgatʃ
vidro (m)	айнек	ajnek
de vidro	айнек	ajnek
pedra (f)	таш	taʃ
de pedra	таш	taʃ
plástico (m)	пластик	plastik
de plástico	пластик	plastik
borracha (f)	резина	rezina
de borracha	резина	rezina
tecido, pano (m)	кездеме	kezdeme
de tecido	кездеме	kezdeme
papel (m)	кагаз	kagaz
de papel	кагаз	kagaz
cartão (m)	картон	karton
de cartão	картон	karton
polietileno (m)	полиэтилен	polietilen
celofane (m)	целлофан	tsellofan

| linóleo (m) | линолеум | linoleum |
| contraplacado (m) | фанера | fanera |

porcelana (f)	фарфор	farfor
de porcelana	фарфор	farfor
barro (f)	чопо	tʃopo
de barro	чопо	tʃopo
cerâmica (f)	карапа	karapa
de cerâmica	карапа	karapa

25. Metais

metal (m)	металл	metall
metálico	металл	metall
liga (f)	эритме	eritme

ouro (m)	алтын	altın
de ouro	алтын	altın
prata (f)	күмүш	kymyʃ
de prata	күмүш	kymyʃ

ferro (m)	темир	temir
de ferro	темир	temir
aço (m)	болот	bolot
de aço	болот	bolot
cobre (m)	жез	dʒez
de cobre	жез	dʒez

alumínio (m)	алюминий	alʉminij
de alumínio	алюминий	alʉminij
bronze (m)	коло	kolo
de bronze	коло	kolo

latão (m)	латунь	latunʲ
níquel (m)	никель	nikelʲ
platina (f)	платина	platina
mercúrio (m)	сымап	sımap
estanho (m)	калай	kalaj
chumbo (m)	коргошун	korgoʃun
zinco (m)	цинк	tsınk

O SER HUMANO

O ser humano. O corpo

26. Humanos. Conceitos básicos

ser (m) humano	адам	adam
homem (m)	эркек	erkek
mulher (f)	аял	ajal
criança (f)	бала	bala
menina (f)	кыз бала	kız bala
menino (m)	бала	bala
adolescente (m)	өспүрүм	øspyrym
velho (m)	абышка	abıʃka
velha, anciã (f)	кемпир	kempir

27. Anatomia humana

organismo (m)	организм	organizm
coração (m)	жүрөк	dʒyrøk
sangue (m)	кан	kan
artéria (f)	артерия	arterija
veia (f)	вена	vena
cérebro (m)	мээ	mee
nervo (m)	нерв	nerv
nervos (m pl)	нервдер	nervder
vértebra (f)	омуртка	omurtka
coluna (f) vertebral	кыр арка	kır arka
estômago (m)	ашказан	aʃkazan
intestinos (m pl)	ичеги-карын	itʃegi-karın
intestino (m)	ичеги	itʃegi
fígado (m)	боор	boor
rim (m)	бөйрөк	bøjrøk
osso (m)	сөөк	søøk
esqueleto (m)	скелет	skelet
costela (f)	кабырга	kabırga
crânio (m)	баш сөөгү	baʃ søøgy
músculo (m)	булчуң	bultʃuŋ
bíceps (m)	бицепс	bitseps
tríceps (m)	трицепс	tritseps
tendão (m)	тарамыш	taramıʃ
articulação (f)	муундар	muundar

pulmões (m pl)	өпкө	øpkø
órgãos (m pl) genitais	жан жер	dʒan dʒer
pele (f)	тери	teri

28. Cabeça

cabeça (f)	баш	baʃ
cara (f)	бет	bet
nariz (m)	мурун	murun
boca (f)	ооз	ooz

olho (m)	көз	køz
olhos (m pl)	көздөр	køzdør
pupila (f)	карек	karek
sobrancelha (f)	каш	kaʃ
pestana (f)	кирпик	kirpik
pálpebra (f)	кабак	kabak

língua (f)	тил	til
dente (m)	тиш	tiʃ
lábios (m pl)	эриндер	erinder
maçãs (f pl) do rosto	бет сөөгу	bet søøgy
gengiva (f)	тиш эти	tiʃ eti
palato (m)	таңдай	taŋdaj

narinas (f pl)	мурун тешиги	murun teʃigi
queixo (m)	ээк	eek
mandíbula (f)	жаак	dʒaak
bochecha (f)	бет	bet

testa (f)	чеке	tʃeke
têmpora (f)	чыкый	tʃɪkɪj
orelha (f)	кулак	kulak
nuca (f)	желке	dʒelke
pescoço (m)	моюн	mojun
garganta (f)	тамак	tamak

cabelos (m pl)	чач	tʃatʃ
penteado (m)	чач жасоо	tʃatʃ dʒasoo
corte (m) de cabelo	чач кыркуу	tʃatʃ kɪrkuu
peruca (f)	парик	parik

bigode (m)	мурут	murut
barba (f)	сакал	sakal
usar, ter (~ barba, etc.)	мурут коюу	murut kojuu
trança (f)	өрүм чач	ørym tʃatʃ
suíças (f pl)	бакенбарда	bakenbarda

ruivo	сары	sarɪ
grisalho	ак чачтуу	ak tʃatʃtuu
calvo	таз	taz
calva (f)	кашка	kaʃka
rabo-de-cavalo (m)	куйрук	kujruk
franja (f)	көкүл	køkyl

29. Corpo humano

mão (f)	беш манжа	beʃ mandʒa
braço (m)	кол	kol
dedo (m)	манжа	mandʒa
dedo (m) do pé	манжа	mandʒa
polegar (m)	бармак	barmak
dedo (m) mindinho	чыпалак	tʃɪpalak
unha (f)	тырмак	tɪrmak
punho (m)	муштум	muʃtum
palma (f) da mão	алакан	alakan
pulso (m)	билек	bilek
antebraço (m)	каруу	karuu
cotovelo (m)	чыканак	tʃɪkanak
ombro (m)	ийин	ijin
perna (f)	бут	but
pé (m)	таман	taman
joelho (m)	тизе	tize
barriga (f) da perna	балтыр	baltɪr
anca (f)	сан	san
calcanhar (m)	согончок	sogontʃok
corpo (m)	дене	dene
barriga (f)	курсак	kursak
peito (m)	төш	tøʃ
seio (m)	эмчек	emtʃek
lado (m)	каптал	kaptal
costas (f pl)	арка жон	arka dʒon
região (f) lombar	бел	bel
cintura (f)	бел	bel
umbigo (m)	киндик	kindik
nádegas (f pl)	жамбаш	dʒambaʃ
traseiro (m)	көчүк	køtʃyk
sinal (m)	мең	meŋ
sinal (m) de nascença	кал	kal
tatuagem (f)	татуировка	tatuirovka
cicatriz (f)	тырык	tɪrɪk

Vestuário & Acessórios

30. Roupa exterior. Casacos

roupa (f)	кийим	kijim
roupa (f) exterior	үстүңкү кийим	ystyŋky kijim
roupa (f) de inverno	кышкы кийим	kıʃkı kijim
sobretudo (m)	пальто	palʲto
casaco (m) de peles	тон	ton
casaco curto (m) de peles	чолок тон	tʃolok ton
casaco (m) acolchoado	мамык олпок	mamık olpok
casaco, blusão (m)	күрмө	kyrmø
impermeável (m)	плащ	plaʃtʃ
impermeável	суу өткүс	suu øtkys

31. Vestuário de homem & mulher

camisa (f)	көйнөк	køjnøk
calças (f pl)	шым	ʃım
calças (f pl) de ganga	джинсы	dʒinsı
casaco (m) de fato	бешмант	beʃmant
fato (m)	костюм	kostʉm
vestido (ex. ~ vermelho)	көйнөк	køjnøk
saia (f)	юбка	jʉbka
blusa (f)	блузка	bluzka
casaco (m) de malha	кофта	kofta
casaco, blazer (m)	кыска бешмант	kıska beʃmant
T-shirt, camiseta (f)	футболка	futbolka
calções (Bermudas, etc.)	чолок шым	tʃolok ʃım
fato (m) de treino	спорт кийими	sport kijimi
roupão (m) de banho	халат	χalat
pijama (m)	пижама	pidʒama
suéter (m)	свитер	sviter
pulôver (m)	пуловер	pulover
colete (m)	жилет	dʒilet
fraque (m)	фрак	frak
smoking (m)	смокинг	smoking
uniforme (m)	форма	forma
roupa (f) de trabalho	жумуш кийим	dʒumuʃ kijim
fato-macaco (m)	комбинезон	kombinezon
bata (~ branca, etc.)	халат	χalat

32. Vestuário. Roupa interior

roupa (f) interior	ич кийим	itʃ kijim
cuecas boxer (f pl)	эркектер чолок дамбалы	erkekter tʃolok dambalı
cuecas (f pl)	аялдар трусиги	ajaldar trusigi
camisola (f) interior	майка	majka
peúgas (f pl)	байпак	bajpak
camisa (f) de noite	жатаарда кийүүчү көйнөк	dʒataarda kijyytʃy køjnøk
sutiã (m)	бюстгальтер	bustgalʲter
meias longas (f pl)	гольфы	golʲfı
meia-calça (f)	колготки	kolgotki
meias (f pl)	байпак	bajpak
fato (m) de banho	купальник	kupalʲnik

33. Adereços de cabeça

chapéu (m)	топу	topu
chapéu (m) de feltro	шляпа	ʃlʲapa
boné (m) de beisebol	бейсболка	bejsbolka
boné (m)	кепка	kepka
boina (f)	берет	beret
capuz (m)	капюшон	kapuʃon
panamá (m)	панамка	panamka
gorro (m) de malha	токулган шапка	tokulgan ʃapka
lenço (m)	жоолук	dʒooluk
chapéu (m) de mulher	шляпа	ʃlʲapa
capacete (m) de proteção	каска	kaska
bibico (m)	пилотка	pilotka
capacete (m)	шлем	ʃlem
chapéu-coco (m)	котелок	kotelok
chapéu (m) alto	цилиндр	tsılindr

34. Calçado

calçado (m)	бут кийим	but kijim
botinas (f pl)	ботинка	botinka
sapatos (de salto alto, etc.)	туфли	tufli
botas (f pl)	өтүк	øtyk
pantufas (f pl)	тапочка	tapotʃka
ténis (m pl)	кроссовка	krossovka
sapatilhas (f pl)	кеды	kedı
sandálias (f pl)	сандалии	sandalii
sapateiro (m)	өтүкчү	øtyktʃy
salto (m)	така	taka

par (m)	түгөй	tygøj
atacador (m)	боо	boo
apertar os atacadores	боолоо	booloo
calçadeira (f)	кашык	kaʃık
graxa (f) para calçado	өтүк май	øtyk maj

35. Têxtil. Tecidos

algodão (m)	пахта	paχta
de algodão	пахтадан	paχtadan
linho (m)	зыгыр	zıgır
de linho	зыгырдан	zıgırdan
seda (f)	жибек	dʒibek
de seda	жибек	dʒibek
lã (f)	жүн	dʒyn
de lã	жүндөн	dʒyndøn
veludo (m)	баркыт	barkıt
camurça (f)	күдөрү	kydøry
bombazina (f)	чий баркыт	tʃij barkıt
náilon (m)	нейлон	nejlon
de náilon	нейлон	nejlon
poliéster (m)	полиэстер	poliester
de poliéster	полиэстер	poliester
couro (m)	булгаары	bulgaarı
de couro	булгаары	bulgaarı
pele (f)	тери	teri
de peles, de pele	тери	teri

36. Acessórios pessoais

luvas (f pl)	колкап	kolkap
mitenes (f pl)	мээлей	meelej
cachecol (m)	моюн орогуч	mojun orogutʃ
óculos (m pl)	көз айнек	køz ajnek
armação (f) de óculos	алкак	alkak
guarda-chuva (m)	чатырча	tʃatırtʃa
bengala (f)	аса таяк	asa tajak
escova (f) para o cabelo	тарак	tarak
leque (m)	желпингич	dʒelpingitʃ
gravata (f)	галстук	galstuk
gravata-borboleta (f)	галстук-бабочка	galstuk-babotʃka
suspensórios (m pl)	шым тарткыч	ʃım tartkıtʃ
lenço (m)	бетаарчы	betaartʃı
pente (m)	тарак	tarak
travessão (m)	чачсайгы	tʃatʃsajgı

| gancho (m) de cabelo | шпилька | ʃpilʲka |
| fivela (f) | таралга | taralga |

| cinto (m) | кайыш кур | kajɨʃ kur |
| correia (f) | илгич | ilgitʃ |

mala (f)	колбаштык	kolbaʃtɨk
mala (f) de senhora	кичине колбаштык	kitʃine kolbaʃtɨk
mochila (f)	жонбаштык	dʒonbaʃtɨk

37. Vestuário. Diversos

moda (f)	мода	moda
na moda	саркеч	sarketʃ
estilista (m)	модельер	modeljer

colarinho (m), gola (f)	жака	dʒaka
bolso (m)	чөнтөк	tʃøntøk
de bolso	чөнтөк	tʃøntøk
manga (f)	жең	dʒeŋ
alcinha (f)	илгич	ilgitʃ
braguilha (f)	ширинка	ʃirinka

fecho (m) de correr	молния	molnija
fecho (m), colchete (m)	топчулук	toptʃuluk
botão (m)	топчу	toptʃu
casa (f) de botão	илмек	ilmek
soltar-se (vr)	үзүлүү	yzylyy

coser, costurar (vi)	тигүү	tigyy
bordar (vt)	сайма саюу	sajma sajɥu
bordado (m)	сайма	sajma
agulha (f)	ийне	ijne
fio (m)	жип	dʒip
costura (f)	тигиш	tigiʃ

sujar-se (vr)	булгап алуу	bulgap aluu
mancha (f)	так	tak
engelhar-se (vr)	бырышып калуу	bɨrɨʃɨp kaluu
rasgar (vt)	айрылуу	ajrɨluu
traça (f)	күбө	kybø

38. Cuidados pessoais. Cosméticos

pasta (f) de dentes	тиш пастасы	tiʃ pastasɨ
escova (f) de dentes	тиш щёткасы	tiʃ ʃtʃʲotkasɨ
escovar os dentes	тиш жуу	tiʃ dʒuu

máquina (f) de barbear	устара	ustara
creme (m) de barbear	кырынуу үчүн көбүк	kɨrɨnuu ytʃyn købyk
barbear-se (vr)	кырынуу	kɨrɨnuu
sabonete (m)	самын	samɨn

champô (m)	шампунь	ʃampunʲ
tesoura (f)	кайчы	kajtʃı
lima (f) de unhas	тырмак өгөө	tırmak øgøø
corta-unhas (m)	тырмак кычкачы	tırmak kıtʃkatʃı
pinça (f)	искек	iskek
cosméticos (m pl)	упа-эндик	upa-endik
máscara (f) facial	маска	maska
manicura (f)	маникюр	manikʉr
fazer a manicura	маникюр жасоо	manikdʒʉr dʒasoo
pedicure (f)	педикюр	pedikʉr
mala (f) de maquilhagem	косметичка	kosmetitʃka
pó (m)	упа	upa
caixa (f) de pó	упа кутусу	upa kutusu
blush (m)	эндик	endik
perfume (m)	атыр	atır
água (f) de toilette	туалет атыр суусу	tualet atır suusu
loção (f)	лосьон	losʲon
água-de-colónia (f)	одеколон	odekolon
sombra (f) de olhos	көз боёгу	køz bojogu
lápis (m) delineador	көз карандашы	køz karandaʃı
máscara (f), rímel (m)	кирпик үчүн боек	kirpik ytʃyn boek
batom (m)	эрин помадасы	erin pomadası
verniz (m) de unhas	тырмак үчүн лак	tırmak ytʃyn lak
laca (f) para cabelos	чач үчүн лак	tʃatʃ ytʃyn lak
desodorizante (m)	дезодорант	dezodorant
creme (m)	крем	krem
creme (m) de rosto	бетмай	betmaj
creme (m) de mãos	кол үчүн май	kol ytʃyn maj
creme (m) antirrugas	бырыштарга каршы бет май	bırıʃtarga karʃı bet maj
creme (m) de dia	күндүзгү бет май	kyndyzgy bet maj
creme (m) de noite	түнкү бет май	tynky bet maj
de dia	күндүзгү	kyndyzgy
da noite	түнкү	tynky
tampão (m)	тампон	tampon
papel (m) higiénico	даарат кагазы	daarat kagazı
secador (m) elétrico	фен	fen

39. Joalheria

joias (f pl)	зер буюмдар	zer bujʉmdar
precioso	баалуу	baaluu
marca (f) de contraste	проба	proba
anel (m)	шакек	ʃakek
aliança (f)	нике шакеги	nike ʃakegi
pulseira (f)	билерик	bilerik

brincos (m pl)	сөйкө	søjkø
colar (m)	шуру	ʃuru
coroa (f)	таажы	taadʒı
colar (m) de contas	мончок	montʃok

diamante (m)	бриллиант	brilliant
esmeralda (f)	зымырыт	zımırıt
rubi (m)	лаал	laal
safira (f)	сапфир	sapfir
pérola (f)	бермет	bermet
âmbar (m)	янтарь	jantarⁱ

40. Relógios de pulso. Relógios

relógio (m) de pulso	кол саат	kol saat
mostrador (m)	циферблат	tsıferblat
ponteiro (m)	жебе	dʒebe
bracelete (f) em aço	браслет	braslet
bracelete (f) em couro	кайыш кур	kajıʃ kur

pilha (f)	батарейка	batarejka
descarregar-se	зарядканын түгөнүүсү	zarⁱadkanın tygønyysy
trocar a pilha	батарейка алмаштыруу	batarejka almaʃtıruu
estar adiantado	алдыга кетүү	aldıga ketyy
estar atrasado	калуу	kaluu

relógio (m) de parede	дубалга тагуучу саат	dubalga taguutʃu saat
ampulheta (f)	кум саат	kum saat
relógio (m) de sol	күн саат	kyn saat
despertador (m)	ойготкуч саат	ojgotkutʃ saat
relojoeiro (m)	саат устасы	saat ustası
reparar (vt)	оңдоо	oŋdoo

Alimentação. Nutrição

41. Comida

carne (f)	эт	et
galinha (f)	тоок	took
frango (m)	балапан	balapan
pato (m)	өрдөк	ørdøk
ganso (m)	каз	kaz
caça (f)	илбээсин	ilbeesin
peru (m)	күрп	kyrp
carne (f) de porco	чочко эти	ʧoʧko eti
carne (f) de vitela	торпок эти	torpok eti
carne (f) de carneiro	кой эти	koj eti
carne (f) de vaca	уй эти	uj eti
carne (f) de coelho	коён	koen
chouriço, salsichão (m)	колбаса	kolbasa
salsicha (f)	сосиска	sosiska
bacon (m)	бекон	bekon
fiambre (f)	ветчина	vetʧina
presunto (m)	сан эт	san et
patê (m)	паштет	paʃtet
fígado (m)	боор	boor
carne (f) moída	фарш	farʃ
língua (f)	тил	til
ovo (m)	жумуртка	ʤumurtka
ovos (m pl)	жумурткалар	ʤumurtkalar
clara (f) do ovo	жумурттканын агы	ʤumurtkanın agı
gema (f) do ovo	жумурттканын сарысы	ʤumurtkanın sarısı
peixe (m)	балык	balık
mariscos (m pl)	деңиз азыктары	deŋiz azıktarı
crustáceos (m pl)	рак сыяктуулар	rak sijaktuular
caviar (m)	урук	uruk
caranguejo (m)	краб	krab
camarão (m)	креветка	krevetka
ostra (f)	устрица	ustritsa
lagosta (f)	лангуст	langust
polvo (m)	сегиз бут	segiz but
lula (f)	кальмар	kalʲmar
esturjão (m)	осетрина	osetrina
salmão (m)	лосось	lososʲ
halibute (m)	палтус	paltus
bacalhau (m)	треска	treska

cavala, sarda (f)	скумбрия	skumbrija
atum (m)	тунец	tunets
enguia (f)	угорь	ugorʲ

truta (f)	форель	forelʲ
sardinha (f)	сардина	sardina
lúcio (m)	чортон	tʃorton
arenque (m)	сельдь	selʲdʲ

pão (m)	нан	nan
queijo (m)	сыр	sır
açúcar (m)	кум шекер	kum-ʃeker
sal (m)	туз	tuz

arroz (m)	күрүч	kyrytʃ
massas (f pl)	макарон	makaron
talharim (m)	кесме	kesme

manteiga (f)	ак май	ak maj
óleo (m) vegetal	өсүмдүк майы	øsymdyk majı
óleo (m) de girassol	күн карама майы	kyn karama majı
margarina (f)	маргарин	margarin

| azeitonas (f pl) | зайтун | zajtun |
| azeite (m) | зайтун майы | zajtun majı |

leite (m)	сүт	syt
leite (m) condensado	коютулган сүт	kojutulgan syt
iogurte (m)	йогурт	jogurt
nata (f) azeda	сметана	smetana
nata (f) do leite	каймак	kajmak

| maionese (f) | майонез | majonez |
| creme (m) | крем | krem |

grãos (m pl) de cereais	акшак	akʃak
farinha (f)	ун	un
enlatados (m pl)	консерва	konserva

flocos (m pl) de milho	жарылган жүгөрү	dʒarılgan dʒygøry
mel (m)	бал	bal
doce (m)	джем, конфитюр	dʒem, konfitur
pastilha (f) elástica	сагыз	sagız

42. Bebidas

água (f)	суу	suu
água (f) potável	ичүүчү суу	itʃyytʃy suu
água (f) mineral	минерал суусу	mineral suusu

sem gás	газсыз	gazsız
gaseificada	газдалган	gazdalgan
com gás	газы менен	gazı menen
gelo (m)	муз	muz

com gelo	музу менен	muzu menen
sem álcool	алкоголсуз	alkogolsuz
bebida (f) sem álcool	алкоголсуз ичимдик	alkogolsuz itʃimdik
refresco (m)	суусундук	suusunduk
limonada (f)	лимонад	limonad

bebidas (f pl) alcoólicas	спирт ичимдиктери	spirt itʃimdikteri
vinho (m)	шарап	ʃarap
vinho (m) branco	ак шарап	ak ʃarap
vinho (m) tinto	кызыл шарап	kızıl ʃarap

licor (m)	ликёр	likⁱor
champanhe (m)	шампан	ʃampan
vermute (m)	вермут	vermut

uísque (m)	виски	viski
vodka (f)	арак	arak
gim (m)	джин	dʒin
conhaque (m)	коньяк	konjak
rum (m)	ром	rom

café (m)	кофе	kofe
café (m) puro	кара кофе	kara kofe
café (m) com leite	сүттөлгөн кофе	syttølgøn kofe
cappuccino (m)	капучино	kaputʃino
café (m) solúvel	эрүүчү кофе	eryytʃy kofe

leite (m)	сүт	syt
coquetel (m)	коктейль	koktejlⁱ
batido (m) de leite	сүт коктейли	syt koktejli

sumo (m)	шире	ʃire
sumo (m) de tomate	томат ширеси	tomat ʃiresi
sumo (m) de laranja	апельсин ширеси	apelⁱsin ʃiresi
sumo (m) fresco	түз сыгылып алынган шире	tyz sıgılıp alıngan ʃire

cerveja (f)	сыра	sıra
cerveja (f) clara	ачык сыра	atʃık sıra
cerveja (f) preta	коңур сыра	koŋur sıra

chá (m)	чай	tʃaj
chá (m) preto	кара чай	kara tʃaj
chá (m) verde	жашыл чай	dʒaʃıl tʃaj

43. Vegetais

| legumes (m pl) | жашылча | dʒaʃıltʃa |
| verduras (f pl) | көк чөп | køk tʃøp |

tomate (m)	помидор	pomidor
pepino (m)	бадыраң	badıraŋ
cenoura (f)	сабиз	sabiz
batata (f)	картошка	kartoʃka

| cebola (f) | пияз | pijaz |
| alho (m) | сарымсак | sarımsak |

couve (f)	капуста	kapusta
couve-flor (f)	гүлдүү капуста	gyldyy kapusta
couve-de-bruxelas (f)	брюссель капустасы	brusselʲ kapustası
brócolos (m pl)	брокколи капустасы	brokkoli kapustası

beterraba (f)	кызылча	kızıltʃa
beringela (f)	баклажан	baklaʤan
curgete (f)	кабачок	kabatʃok
abóbora (f)	ашкабак	aʃkabak
nabo (m)	шалгам	ʃalgam

salsa (f)	петрушка	petruʃka
funcho, endro (m)	укроп	ukrop
alface (f)	салат	salat
aipo (m)	сельдерей	selʲderej
espargo (m)	спаржа	sparʤa
espinafre (m)	шпинат	ʃpinat

ervilha (f)	нокот	nokot
fava (f)	буурчак	buurtʃak
milho (m)	жүгөрү	ʤygøry
feijão (m)	төө буурчак	tøø buurtʃak

pimentão (m)	таттуу перец	tattuu perets
rabanete (m)	шалгам	ʃalgam
alcachofra (f)	артишок	artiʃok

44. Frutos. Nozes

fruta (f)	мөмө	mømø
maçã (f)	алма	alma
pera (f)	алмурут	almurut
limão (m)	лимон	limon
laranja (f)	апельсин	apelʲsin
morango (m)	кулпунай	kulpunaj

tangerina (f)	мандарин	mandarin
ameixa (f)	кара өрүк	kara øryk
pêssego (m)	шабдаалы	ʃabdaalı
damasco (m)	өрүк	øryk
framboesa (f)	дан куурай	dan kuuraj
ananás (m)	ананас	ananas

banana (f)	банан	banan
melancia (f)	арбуз	arbuz
uva (f)	жүзүм	ʤyzym
ginja (f)	алча	altʃa
cereja (f)	гилас	gilas
meloa (f)	коон	koon
toranja (f)	грейпфрут	grejpfrut
abacate (m)	авокадо	avokado

papaia (f)	папайя	papaja
manga (f)	манго	mango
romã (f)	анар	anar

groselha (f) vermelha	кызыл карагат	kızıl karagat
groselha (f) preta	кара карагат	kara karagat
groselha (f) espinhosa	крыжовник	krıdʒovnik
mirtilo (m)	кара моюл	kara mojul
amora silvestre (f)	кара бүлдүркөн	kara byldyrkøn

uvas (f pl) passas	мейиз	mejiz
figo (m)	анжир	andʒir
tâmara (f)	курма	kurma

amendoim (m)	арахис	araχis
amêndoa (f)	бадам	badam
noz (f)	жаңгак	dʒaŋgak
avelã (f)	токой жаңгагы	tokoj dʒaŋgagı
coco (m)	кокос жаңгагы	kokos dʒaŋgagı
pistáchios (m pl)	мисте	miste

45. Pão. Bolaria

pastelaria (f)	кондитер азыктары	konditer azıktarı
pão (m)	нан	nan
bolacha (f)	печенье	petʃenje

chocolate (m)	шоколад	ʃokolad
de chocolate	шоколаддан	ʃokoladdan
rebuçado (m)	конфета	konfeta
bolo (cupcake, etc.)	пирожное	pirodʒnoe
bolo (m) de aniversário	торт	tort

| tarte (~ de maçã) | пирог | pirog |
| recheio (m) | начинка | natʃinka |

doce (m)	кыям	kıjam
geleia (f) de frutas	мармелад	marmelad
waffle (m)	вафли	vafli
gelado (m)	бал муздак	bal muzdak
pudim (m)	пудинг	puding

46. Pratos cozinhados

prato (m)	тамак	tamak
cozinha (~ portuguesa)	даам	daam
receita (f)	тамак жасоо ыкмасы	tamak dʒasoo ıkması
porção (f)	порция	portsija

salada (f)	салат	salat
sopa (f)	сорпо	sorpo
caldo (m)	ынак сорпо	ınak sorpo

| sandes (f) | бутерброд | buterbrod |
| ovos (m pl) estrelados | куурулган жумуртка | kuurulgan dʒumurtka |

| hambúrguer (m) | гамбургер | gamburger |
| bife (m) | бифштекс | bifʃteks |

conduto (m)	гарнир	garnir
espaguete (m)	спагетти	spagetti
puré (m) de batata	эзилген картошка	ezilgen kartoʃka
pizza (f)	пицца	pitsa
papa (f)	ботко	botko
omelete (f)	омлет	omlet

cozido em água	сууга бышырылган	suuga bıʃırılgan
fumado	ышталган	ıʃtalgan
frito	куурулган	kuurulgan
seco	кургатылган	kurgatılgan
congelado	тоңдурулган	toŋdurulgan
em conserva	маринаддагы	marinaddagı

doce (açucarado)	таттуу	tattuu
salgado	туздуу	tuzduu
frio	муздак	muzdak
quente	ысык	ısık
amargo	ачуу	atʃuu
gostoso	даамдуу	daamduu

cozinhar (em água a ferver)	кайнатуу	kajnatuu
fazer, preparar (vt)	тамак бышыруу	tamak bıʃıruu
fritar (vt)	кууруу	kuuruu
aquecer (vt)	жылытуу	dʒılıtuu

salgar (vt)	туздоо	tuzdoo
apimentar (vt)	калемпир кошуу	kalempir koʃuu
ralar (vt)	сүргүлөө	syrgylөө
casca (f)	сырты	sırtı
descascar (vt)	тазалоо	tazaloo

47. Especiarias

sal (m)	туз	tuz
salgado (vt)	туздуу	tuzduu
salgar (vt)	туздоо	tuzdoo

pimenta (f) preta	кара мурч	kara murtʃ
pimenta (f) vermelha	кызыл калемпир	kızıl kalempir
mostarda (f)	горчица	gortʃitsa
raiz-forte (f)	хрен	χren

condimento (m)	татымал	tatımal
especiaria (f)	татымал	tatımal
molho (m)	соус	sous
vinagre (m)	уксус	uksus
anis (m)	анис	anis

manjericão (m)	райхон	rajχon
cravo (m)	гвоздика	gvozdika
gengibre (m)	имбирь	imbirʲ
coentro (m)	кориандр	koriandr
canela (f)	корица	koritsa

sésamo (m)	кунжут	kundʒut
folhas (f pl) de louro	лавр жалбырагы	lavr dʒalbıragı
páprica (f)	паприка	paprika
cominho (m)	зира	zira
açafrão (m)	заапаран	zaaparan

48. Refeições

| comida (f) | тамак | tamak |
| comer (vt) | тамактануу | tamaktanuu |

pequeno-almoço (m)	таңкы тамак	taŋkı tamak
tomar o pequeno-almoço	эртең менен тамактануу	erteŋ menen tamaktanuu
almoço (m)	түшкү тамак	tyʃky tamak
almoçar (vi)	түштөнүү	tyʃtønyy
jantar (m)	кечки тамак	ketʃki tamak
jantar (vi)	кечки тамакты ичүү	ketʃki tamaktı itʃyy

| apetite (m) | табит | tabit |
| Bom apetite! | Тамагыңыз таттуу болсун! | tamagıŋız tattuu bolsun! |

abrir (~ uma lata, etc.)	ачуу	atʃuu
derramar (vt)	төгүп алуу	tøgyp aluu
derramar-se (vr)	төгүлүү	tøgylyy
ferver (vi)	кайноо	kajnoo
ferver (vt)	кайнатуу	kajnatuu
fervido	кайнатылган	kajnatılgan
arrefecer (vt)	суутуу	suutuu
arrefecer-se (vr)	сууп туруу	suup turuu

| sabor, gosto (m) | даам | daam |
| gostinho (m) | даамдануу | daamdanuu |

fazer dieta	арыктоо	arıktoo
dieta (f)	мынөз тамак	mynøz tamak
vitamina (f)	витамин	vitamin
caloria (f)	калория	kalorija
vegetariano (m)	эттен чанган	etten tʃangan
vegetariano	этсиз даярдалган	etsiz dajardalgan

gorduras (f pl)	майлар	majlar
proteínas (f pl)	белоктор	beloktor
carboidratos (m pl)	көмүрсуулар	kømyrsuular

fatia (~ de limão, etc.)	кесим	kesim
pedaço (~ de bolo)	бөлүк	bølyk
migalha (f)	күкүм	kykym

49. Por a mesa

colher (f)	кашык	kaʃik
faca (f)	бычак	bɪtʃak
garfo (m)	вилка	vilka
chávena (f)	чөйчөк	tʃøjtʃøk
prato (m)	табак	tabak
pires (m)	табак	tabak
guardanapo (m)	майлык	majlık
palito (m)	тиш чукугуч	tiʃ tʃukugutʃ

50. Restaurante

restaurante (m)	ресторан	restoran
café (m)	кофекана	kofekana
bar (m), cervejaria (f)	бар	bar
salão (m) de chá	чай салону	tʃaj salonu
empregado (m) de mesa	официант	ofitsiant
empregada (f) de mesa	официант кыз	ofitsiant kız
barman (m)	бармен	barmen
ementa (f)	меню	menʉ
lista (f) de vinhos	шарап картасы	ʃarap kartası
reservar uma mesa	столду камдык буйрутмалоо	stoldu kamdık bujrutmaloo
prato (m)	тамак	tamak
pedir (vt)	буйрутма кылуу	bujrutma kıluu
fazer o pedido	буйрутма берүү	bujrutma beryy
aperitivo (m)	аперитив	aperitiv
entrada (f)	ысылык	ısılık
sobremesa (f)	десерт	desert
conta (f)	эсеп	esep
pagar a conta	эсеп төлөө	esep tøløø
dar o troco	майда акчаны кайтаруу	majda aktʃanı kajtaruu
gorjeta (f)	чайпул	tʃajpul

Família, parentes e amigos

51. Informação pessoal. Formulários

nome (m)	аты	atı
apelido (m)	фамилиясы	familijası
data (f) de nascimento	төрөлгөн күнү	tørølgøn kyny
local (m) de nascimento	туулган жери	tuulgan dʒeri
nacionalidade (f)	улуту	ulutu
lugar (m) de residência	жашаган жери	dʒaʃagan dʒeri
país (m)	өлкө	ølkø
profissão (f)	кесиби	kesibi
sexo (m)	жынысы	dʒınısı
estatura (f)	бою	boju
peso (m)	салмак	salmak

52. Membros da família. Parentes

mãe (f)	эне	ene
pai (m)	ата	ata
filho (m)	уул	uul
filha (f)	кыз	kız
filha (f) mais nova	кичүү кыз	kitʃyy kız
filho (m) mais novo	кичүү уул	kitʃyy uul
filha (f) mais velha	улуу кыз	uluu kız
filho (m) mais velho	улуу уул	uluu uul
irmão (m)	бир тууган	bir tuugan
irmão (m) mais velho	байке	bajke
irmão (m) mais novo	ини	ini
irmã (f)	бир тууган	bir tuugan
irmã (f) mais velha	эже	edʒe
irmã (f) mais nova	синди	siŋdi
primo (m)	атасы же энеси бир тууган	atası dʒe enesi bir tuugan
prima (f)	атасы же энеси бир тууган	atası dʒe enesi bir tuugan
mamã (f)	апа	apa
papá (m)	ата	ata
pais (pl)	ата-эне	ata-ene
criança (f)	бала	bala
crianças (f pl)	балдар	baldar
avó (f)	чоң апа	tʃoŋ apa

avô (m)	чоң ата	tʃoŋ ata
neto (m)	небере бала	nebere bala
neta (f)	небере кыз	nebere kız
netos (pl)	неберелер	nebereler

tio (m)	таяке	tajake
tia (f)	таяже	tajadʒe
sobrinho (m)	ини	ini
sobrinha (f)	жээн	dʒeen

sogra (f)	кайын эне	kajın ene
sogro (m)	кайын ата	kajın ata
genro (m)	күйөө бала	kyjøø bala
madrasta (f)	өгөй эне	øgøj ene
padrasto (m)	өгөй ата	øgøj ata

criança (f) de colo	эмчектеги бала	emtʃektegi bala
bebé (m)	ымыркай	ımırkaj
menino (m)	бөбөк	bøbøk

mulher (f)	аял	ajal
marido (m)	эр	er
esposo (m)	күйөө	kyjøø
esposa (f)	зайып	zajıp

casado	аялы бар	ajalı bar
casada	күйөөдө	kyjøødø
solteiro	бойдок	bojdok
solteirão (m)	бойдок	bojdok
divorciado	ажырашкан	adʒıraʃkan
viúva (f)	жесир	dʒesir
viúvo (m)	жесир	dʒesir

parente (m)	тууган	tuugan
parente (m) próximo	жакын тууган	dʒakın tuugan
parente (m) distante	алыс тууган	alıs tuugan
parentes (m pl)	бир тууган	bir tuugan

órfão (m), órfã (f)	жетим	dʒetim
tutor (m)	камкорчу	kamkortʃu
adotar (um filho)	уул кылып асырап алуу	uul kılıp asırap aluu
adotar (uma filha)	кыз кылып асырап алуу	kız kılıp asırap aluu

53. Amigos. Colegas de trabalho

amigo (m)	дос	dos
amiga (f)	курбу	kurbu
amizade (f)	достук	dostuk
ser amigos	достошуу	dostoʃuu

amigo (m)	шерик	ʃerik
amiga (f)	шерик кыз	ʃerik kız
parceiro (m)	өнөктөш	ønøktøʃ
chefe (m)	башчы	baʃtʃı

superior (m)	башчы	baʃʧı
proprietário (m)	кожоюн	kodʒodʒun
subordinado (m)	кол астындагы	kol astındagı
colega (m)	кесиптеш	kesipteʃ

conhecido (m)	тааныш	taanıʃ
companheiro (m) de viagem	жолдош	dʒoldoʃ
colega (m) de classe	классташ	klasstaʃ

vizinho (m)	кошуна	koʃuna
vizinha (f)	кошуна	koʃuna
vizinhos (pl)	кошуналар	koʃunalar

54. Homem. Mulher

mulher (f)	аял	ajal
rapariga (f)	кыз	kız
noiva (f)	колукту	koluktu

bonita	сулуу	suluu
alta	бою узун	boju uzun
esbelta	сымбаттуу	sımbattuu
de estatura média	орто бойлуу	orto bojluu

| loura (f) | ак саргыл чачтуу | ak sargıl ʧaʧtuu |
| morena (f) | кара чачтуу | kara ʧaʧtuu |

de senhora	аялдардын	ajaldardın
virgem (f)	эркек көрө элек кыз	erkek kørø elek kız
grávida	кош бойлуу	koʃ bojluu

homem (m)	эркек	erkek
louro (m)	ак саргыл чачтуу	ak sargıl ʧaʧtuu
moreno (m)	кара чачтуу	kara ʧaʧtuu
alto	бийик бойлуу	bijik bojluu
de estatura média	орто бойлуу	orto bojluu

rude	орой	oroj
atarracado	жапалдаш бой	dʒapaldaʃ boj
robusto	чымыр	ʧımır
forte	күчтүү	kyʧtyy
força (f)	күч	kyʧ

gordo	толук	toluk
moreno	кара тору	kara toru
esbelto	сымбаттуу	sımbattuu
elegante	жарашып кийинген	dʒaraʃıp kijingen

55. Idade

| idade (f) | жаш | dʒaʃ |
| juventude (f) | жаштык | dʒaʃtık |

jovem	жаш	dʒaʃ
mais novo	кичүү	kitʃyy
mais velho	улуу	uluu

jovem (m)	улан	ulan
adolescente (m)	өспүрүм	øspyrym
rapaz (m)	жигит	dʒigit

| velho (m) | абышка | abıʃka |
| velhota (f) | кемпир | kempir |

adulto	чоң киши	tʃoŋ kiʃi
de meia-idade	орто жаш	orto dʒaʃ
idoso, de idade	жашап калган	dʒaʃap kalgan
velho	картаң	kartaŋ

reforma (f)	баաракы	baarakı
reformar-se (vr)	ардактуу эс алууга чыгуу	ardaktuu es aluuga tʃıguu
reformado (m)	бааргер	baarger

56. Crianças

criança (f)	бала	bala
crianças (f pl)	балдар	baldar
gémeos (m pl)	эгиздер	egizder

berço (m)	бешик	beʃik
guizo (m)	шырылдак	ʃırıldak
fralda (f)	жалаяк	dʒalajak

chupeta (f)	упчу	uptʃu
carrinho (m) de bebé	бешик араба	beʃik araba
jardim (m) de infância	бала бакча	bala baktʃa
babysitter (f)	бала баккыч	bala bakkıtʃ

infância (f)	балалык	balalık
boneca (f)	куурчак	kuurtʃak
brinquedo (m)	оюнчук	ojuntʃuk
jogo (m) de armar	конструктор	konstruktor
bem-educado	тарбия көргөн	tarbija kørgøn
mal-educado	жетесиз	dʒetesiz
mimado	эрке	erke

ser travesso	тентектик кылуу	tentektik kıluu
travesso, traquinas	тентек	tentek
travessura (f)	шоктук, тентектик	ʃoktuk, tentektik
criança (f) travessa	тентек	tentek

| obediente | элпек | elpek |
| desobediente | тил албас | til albas |

dócil	зээндүү	zeendyy
inteligente	акылдуу	akılduu
menino (m) prodígio	вундеркинд	vunderkind

57. Casais. Vida de família

beijar (vt)	өбүү	øbyy
beijar-se (vr)	өбүшүү	øbyʃyy
família (f)	үй-бүлө	yj-bylø
familiar	үй-бүлөлүү	yj-bylølyy
casal (m)	эрди-катын	erdi-katın
matrimónio (m)	нике	nike
lar (m)	үй очогу	yj otʃogu
dinastia (f)	династия	dinastija
encontro (m)	жолугушуу	dʒoluguʃuu
beijo (m)	өбүү	øbyy
amor (m)	сүйүү	syjyy
amar (vt)	сүйүү	syjyy
amado, querido	жакшы көргөн	dʒakʃı kørgøn
ternura (f)	назиктик	naziktik
terno, afetuoso	назик	nazik
fidelidade (f)	берилгендик	berilgendik
fiel	ишенимдүү	iʃenimdyy
cuidado (m)	кам көрүү	kam køryy
carinhoso	камкор	kamkor
recém-casados (m pl)	жаңы үйлөнүшкөндөр	dʒaŋı yjlønyʃkøndør
lua de mel (f)	таттуулашуу	tattuulaʃuu
casar-se (com um homem)	күйөөгө чыгуу	kyjøøgø tʃıguu
casar-se (com uma mulher)	аял алуу	ajal aluu
boda (f)	үйлөнүү той	yjlønyy toy
bodas (f pl) de ouro	алтын үлпөт той	altın ylpøt toj
aniversário (m)	жылдык	dʒıldık
amante (m)	ойнош	ojnoʃ
amante (f)	ойнош	ojnoʃ
adultério (m)	көзгө чөп салуу	køzgø tʃøp saluu
cometer adultério	көзгө чөп салуу	køzgø tʃøp saluu
ciumento	кызгануу	kızganuu
ser ciumento	кызгануу	kızganuu
divórcio (m)	ажырашуу	adʒıraʃuu
divorciar-se (vr)	ажырашуу	adʒıraʃuu
brigar (discutir)	урушуу	uruʃuu
fazer as pazes	жарашуу	dʒaraʃuu
juntos	бирге	birge
sexo (m)	жыныстык катнаш	dʒınıstık katnaʃ
felicidade (f)	бакыт	bakıt
feliz	бактылуу	baktıluu
infelicidade (f)	кырсык	kırsık
infeliz	бактысыз	baktısız

Caráter. Sentimentos. Emoções

58. Sentimentos. Emoções

sentimento (m)	сезим	sezim
sentimentos (m pl)	сезим	sezim
sentir (vt)	сезүү	sezyy
fome (f)	ачка болуу	atʃka boluu
ter fome	ачка болуу	atʃka boluu
sede (f)	чаңкоо	tʃaŋkoo
ter sede	суусап калуу	suusap kaluu
sonolência (f)	уйкусу келүү	ujkusu kelyy
estar sonolento	уйкусу келүү	ujkusu kelyy
cansaço (m)	чарчоо	tʃartʃoo
cansado	чарчаңкы	tʃartʃaŋkı
ficar cansado	чарчоо	tʃartʃoo
humor (m)	көңүл	køŋyl
tédio (m)	зеригүү	zerigyy
aborrecer-se (vr)	зеригүү	zerigyy
isolamento (m)	элден качуу	elden katʃuu
isolar-se	элден качуу	elden katʃuu
preocupar (vt)	көңүлүн бөлүү	køŋylyn bølyy
preocupar-se (vr)	сарсанаа болуу	sarsanaa boluu
preocupação (f)	кабатырлануу	kabatırlanuu
ansiedade (f)	чочулоо	tʃotʃuloo
preocupado	бушайман	buʃajman
estar nervoso	тынчы кетүү	tıntʃı ketyy
entrar em pânico	дүрбөлөңгө түшүү	dyrbøløŋgø tyʃyy
esperança (f)	үмүт	ymyt
esperar (vt)	үмүттөнүү	ymyttønyy
certeza (f)	ишенимдүүлүк	iʃenimdyylyk
certo	ишеничтүү	iʃenitʃtyy
indecisão (f)	ишенбегендик	iʃenbegendik
indeciso	ишенбеген	iʃenbegen
ébrio, bêbado	мас	mas
sóbrio	соо	soo
fraco	бошоң	boʃoŋ
feliz	бактылуу	baktıluu
assustar (vt)	жүрөгүн түшүрүү	dʒyrøgyn tyʃyryy
fúria (f)	жинденүү	dʒindenyy
ira, raiva (f)	жаалдануу	dʒaaldanuu
depressão (f)	көңүлү чөгүү	køŋyly tʃøgyy
arrepender-se (vr)	өкүнүү	økynyy

arrependimento (m)	өкүнүп калуу	økynyp kaluu
azar (m), má sorte (f)	жолу болбоо	dʒolu bolboo
tristeza (f)	капалануу	kapalanuu

vergonha (f)	уят	ujat
alegria (f)	кубаныч	kubanıtʃ
entusiasmo (m)	ынта менен	ınta menen
entusiasta (m)	ынтызар	ıntızar
mostrar entusiasmo	ынтасын көрсөтүү	ıntasın kørsøtyy

59. Caráter. Personalidade

caráter (m)	мүнөз	mynøz
falha (f) de caráter	кемчилик	kemtʃilik
mente (f)	эс-акыл	es-akıl
razão (f)	акыл	akıl

consciência (f)	абийир	abijir
hábito (m)	адат	adat
habilidade (f)	жөндөм	dʒøndøm
saber (~ nadar, etc.)	билүү	bilyy

paciente	көтөрүмдүү	køtørymdyy
impaciente	чыдамы жок	tʃıdamı dʒok
curioso	ынтызар	ıntızar
curiosidade (f)	кызыгуучулук	kızıguutʃuluk

modéstia (f)	жөнөкөйлүк	dʒønøkøjlyk
modesto	жөнөкөй	dʒønøkøj
imodesto	чекилик	tʃekilik

preguiça (f)	жалкоолук	dʒalkooluk
preguiçoso	жалкоо	dʒalkoo
preguiçoso (m)	эринчээк	erintʃeek

astúcia (f)	куулук	kuuluk
astuto	куу	kuu
desconfiança (f)	ишенбөөчүлүк	iʃenbøøtʃylyk
desconfiado	ишенбеген	iʃenbegen

generosidade (f)	берешендик	bereʃendik
generoso	берешен	bereʃen
talentoso	зээндүү	zeendyy
talento (m)	талант	talant

corajoso	кайраттуу	kajrattuu
coragem (f)	кайрат	kajrat
honesto	чынчыл	tʃıntʃıl
honestidade (f)	чынчылдык	tʃıntʃıldık

prudente	сак	sak
valente	тайманбас	tajmanbas
sério	оор басырыктуу	oor basırıktuu
severo	сүрдүү	syrdyy

decidido	чечкиндүү	tʃetʃkindyy
indeciso	чечкинсиз	tʃetʃkinsiz
tímido	тартынчаак	tartıntʃaak
timidez (f)	жүрөкзаада	dʒyrøkzaada

confiança (f)	ишеним артуу	iʃenim artuu
confiar (vt)	ишенүү	iʃenyy
crédulo	ишенчээк	iʃentʃeek

sinceramente	чын жүрөктөн	tʃın dʒyrøktøn
sincero	ак ниеттен	ak nietten
sinceridade (f)	ак ниеттүүлүк	ak niettyylyk
aberto	ачык	atʃık

calmo	жоош	dʒooʃ
franco	ачык	atʃık
ingénuo	ишенчээк	iʃentʃeek
distraído	унутчаак	unuttʃaak
engraçado	кызык	kızık

ganância (f)	ач көздүк	atʃ køzdyk
ganancioso	сараң	saraŋ
avarento	сараң	saraŋ
mau	каардуу	kaarduu
teimoso	көк	køk
desagradável	жагымсыз	dʒagımsız

egoísta (m)	өзүмчүл	øzymtʃyl
egoísta	өзүмчүл	øzymtʃyl
cobarde (m)	суу жүрөк	suu dʒyrøk
cobarde	суу жүрөк	suu dʒyrøk

60. O sono. Sonhos

dormir (vi)	уктоо	uktoo
sono (m)	уйку	ujku
sonho (m)	түш	tyʃ
sonhar (vi)	түш көрүү	tyʃ køryy
sonolento	уйкусураган	ujkusuragan

cama (f)	керебет	kerebet
colchão (m)	матрас	matras
cobertor (m)	жууркан	dʒuurkan
almofada (f)	жаздык	dʒazdık
lençol (m)	шейшеп	ʃejʃep

insónia (f)	уйкусуздук	ujkusuzduk
insone	уйкусуз	ujkusuz
sonífero (m)	уйку дарысы	ujku darısı
tomar um sonífero	уйку дарысын ичүү	ujku darısın itʃyy

estar sonolento	уйкусу келүү	ujkusu kelyy
bocejar (vi)	эстөө	estøø
ir para a cama	уктоого кетүү	uktoogo ketyy

| fazer a cama | төшөк салуу | tøʃøk saluu |
| adormecer (vi) | уктап калуу | uktap kaluu |

pesadelo (m)	коркунучтуу түш	korkunutʃtuu tyʃ
ronco (m)	коңурук	koŋuruk
roncar (vi)	коңурук тартуу	koŋuruk tartuu

despertador (m)	ойготкуч саат	ojgotkutʃ saat
acordar, despertar (vt)	ойготуу	ojgotuu
acordar (vi)	ойгонуу	ojgonuu
levantar-se (vr)	төшөктөн туруу	tøʃøktøn turuu
lavar-se (vr)	бети-колду жуу	beti-koldu dʒuu

61. Humor. Riso. Alegria

humor (m)	күлкү салуу	kylky saluu
sentido (m) de humor	тамашага чалуу	tamaʃaga tʃaluu
divertir-se (vr)	көңүл ачуу	køŋyl atʃuu
alegre	көңүлдүү	køŋyldyy
alegria (f)	көңүлдүүлүк	køŋyldyylyk

sorriso (m)	жылмайыш	dʒılmajıʃ
sorrir (vi)	жылмаюу	dʒılmadʒuu
começar a rir	күлүп жиберүү	kylyp dʒiberyy
rir (vi)	күлүү	kylyy
riso (m)	күлкү	kylky

anedota (f)	күлкүлүү окуя	kylkylyy okuja
engraçado	күлкүлүү	kylkylyy
ridículo	кызык	kızık

brincar, fazer piadas	тамашалоо	tamaʃaloo
piada (f)	тамаша	tamaʃa
alegria (f)	кубаныч	kubanıtʃ
regozijar-se (vr)	кубануу	kubanuu
alegre	кубанычтуу	kubanıtʃtuu

62. Discussão, conversação. Parte 1

| comunicação (f) | баарлашуу | baarlaʃuu |
| comunicar-se (vr) | баарлашуу | baarlaʃuu |

conversa (f)	сүйлөшүү	syjløʃyy
diálogo (m)	маек	maek
discussão (f)	талкуу	talkuu
debate (m)	талаш	talaʃ
debater (vt)	талашуу	talaʃuu

interlocutor (m)	аңгемелешкен	aŋgemeleʃken
tema (m)	тема	tema
ponto (m) de vista	көз караш	køz karaʃ
opinião (f)	ой-пикир	oj-pikir

discurso (m)	сөз	søz
discussão (f)	талкуу	talkuu
discutir (vt)	талкуулоо	talkuuloo
conversa (f)	маек	maek
conversar (vi)	маектешүү	maekteʃyy
encontro (m)	жолугушуу	dʒoluguʃuu
encontrar-se (vr)	жолугушуу	dʒoluguʃuu

provérbio (m)	макал-лакап	makal-lakap
ditado (m)	лакап	lakap
adivinha (f)	табышмак	tabiʃmak
dizer uma adivinha	табышмак айтуу	tabiʃmak ajtuu
senha (f)	сырсөз	sɪrsøz
segredo (m)	сыр	sɪr

juramento (m)	ант	ant
jurar (vi)	ант берүү	ant beryy
promessa (f)	убада	ubada
prometer (vt)	убада берүү	ubada beryy

conselho (m)	кеңеш	keŋeʃ
aconselhar (vt)	кеңеш берүү	keŋeʃ beryy
seguir o conselho	кеңешин жолдоо	keŋeʃin dʒoldoo
escutar (~ os conselhos)	угуу	uguu

novidade, notícia (f)	жаңылык	dʒaŋɪlɪk
sensação (f)	дүң салуу	dyŋ saluu
informação (f)	маалымат	maalɪmat
conclusão (f)	корутунду	korutundu
voz (f)	үн	yn
elogio (m)	мактоо	maktoo
amável	сылык	sɪlɪk

palavra (f)	сөз	søz
frase (f)	сүйлөм	syjløm
resposta (f)	жооп	dʒoop

verdade (f)	чындык	tʃɪndɪk
mentira (f)	жалган	dʒalgan

pensamento (m)	ой	oj
ideia (f)	ой	oj
fantasia (f)	ойдон чыгаруу	ojdon tʃɪgaruu

63. Discussão, conversação. Parte 2

estimado	урматтуу	urmattuu
respeitar (vt)	сыйлоо	sɪjloo
respeito (m)	урмат	urmat
Estimado ..., Caro ...	Урматтуу ...	urmattuu ...

apresentar (vt)	тааныштыруу	taanɪʃtɪruu
travar conhecimento	таанышуу	taanɪʃuu
intenção (f)	ниет	niet

tencionar (vt)	ниеттенүү	niettenyy
desejo (m)	каалоо	kaaloo
desejar (ex. ~ boa sorte)	каалоо айтуу	kaaloo ajtuu

surpresa (f)	таңгалыч	taŋgalɪtʃ
surpreender (vt)	таң калтыруу	taŋ kaltɪruu
surpreender-se (vr)	таң калуу	taŋ kaluu

dar (vt)	берүү	beryy
pegar (tomar)	алуу	aluu
devolver (vt)	кайтарып берүү	kajtarɪp beryy
retornar (vt)	кайра берүү	kajra beryy

desculpar-se (vr)	кечирим суроо	ketʃirim suroo
desculpa (f)	кечирим	ketʃirim
perdoar (vt)	кечирүү	ketʃiryy

falar (vi)	сүйлөшүү	syjløʃyy
escutar (vt)	угуу	uguu
ouvir até o fim	кулак салуу	kulak saluu
compreender (vt)	түшүнүү	tyʃynyy
mostrar (vt)	көрсөтүү	kørsøtyy
olhar para ...	... кароо	... karoo
chamar (dizer em voz alta o nome)	чакыруу	tʃakɪruu
distrair (vt)	тынчын алуу	tɪntʃɪn aluu
perturbar (vt)	тынчын алуу	tɪntʃɪn aluu
entregar (~ em mãos)	узатып коюу	uzatɪp kojʉu

pedido (m)	сураныч	suranɪtʃ
pedir (ex. ~ ajuda)	суроо	suroo
exigência (f)	талап	talap
exigir (vt)	талап кылуу	talap kɪluu

chamar nomes (vt)	кыжырына тийүү	kɪdʒɪrɪna tijyy
zombar (vt)	шылдыңдоо	ʃɪldɪŋdoo
zombaria (f)	шылдың	ʃɪldɪŋ
alcunha (f)	лакап ат	lakap at

insinuação (f)	кыйытма	kɪjɪtma
insinuar (vt)	кыйытып айтуу	kɪjɪtɪp aytuu
subentender (vt)	билдирүү	bildiryy

descrição (f)	сүрөттөө	syrøttøø
descrever (vt)	сүрөттөп берүү	syrøttøp beryy
elogio (m)	алкыш	alkɪʃ
elogiar (vt)	мактоо	maktoo

desapontamento (m)	көңүлү калуу	køŋyly kaluu
desapontar (vt)	көңүлүн калтыруу	køŋylyn kaltɪruu
desapontar-se (vr)	көңүл калуу	køŋyl kaluu

suposição (f)	божомол	bodʒomol
supor (vt)	божомолдоо	bodʒomoldoo
advertência (f)	эскертүү	eskertyy
advertir (vt)	эскертүү	eskertyy

64. Discussão, conversação. Parte 3

convencer (vt)	көндүрүү	køndyryy
acalmar (vt)	тынчтандыруу	tıntʃtandıruu
silêncio (o ~ é de ouro)	жымжырт	dʒımdʒırt
ficar em silêncio	унчукпоо	untʃukpoo
sussurrar (vt)	шыбыроо	ʃibıroo
sussurro (m)	шыбыр	ʃibır
francamente	ачык айтканда	atʃık ajtkanda
a meu ver ...	менин оюмча ...	menin ojʉmtʃa ...
detalhe (~ da história)	ийне-жиби	ijne-dʒibi
detalhado	тетиктелген	tetiktelgen
detalhadamente	тетикке чейин	tetikke tʃejin
dica (f)	четин чыгаруу	tʃetin tʃıgaruu
dar uma dica	четин чыгаруу	tʃetin tʃıgaruu
olhar (m)	көз	køz
dar uma vista de olhos	карап коюу	karap kojʉu
fixo (olhar ~)	тиктеген	tiktegen
piscar (vi)	көз ирмөө	køz irmøø
pestanejar (vt)	көз кысуу	køz kısuu
acenar (com a cabeça)	баш ийкөө	baʃ ijkøø
suspiro (m)	дем чыгаруу	dem tʃıgaruu
suspirar (vi)	дем алуу	dem aluu
estremecer (vi)	селт этүү	selt etyy
gesto (m)	жаңсоо	dʒaŋsoo
tocar (com as mãos)	тийип кетүү	tijip ketyy
agarrar (~ pelo braço)	кармоо	karmoo
bater de leve	таптоо	taptoo
Cuidado!	Абайлагыла!	abajlagıla!
A sério?	Чын элеби?!	tʃın elebi?!
Tem certeza?	Жаңылган жоксуңбу?	dʒaŋılgan dʒoksuŋbu?
Boa sorte!	Ийгилик!	ijgilik!
Compreendi!	Түшүнүктүү!	tyʃynyktyy!
Que pena!	Кап!	kap!

65. Acordo. Recusa

consentimento (~ mútuo)	макулдук	makulduk
consentir (vi)	макул болуу	makul boluu
aprovação (f)	колдоо	koldoo
aprovar (vt)	колдоо	koldoo
recusa (f)	баш тартуу	baʃ tartuu
negar-se (vt)	баш тартуу	baʃ tartuu
Está ótimo!	Эң жакшы!	eŋ dʒakʃı!
Muito bem!	Жакшы!	dʒakʃı!

Está bem! De acordo!	Макул!	makul!
proibido	тыюу салынган	tıjuu salıngan
é proibido	болбойт	bolbojt
é impossível	мүмкүн эмес	mymkyn emes
incorreto	туура эмес	tuura emes
rejeitar (~ um pedido)	четке кагуу	tʃetke kaguu
apoiar (vt)	колдоо	koldoo
aceitar (desculpas, etc.)	кабыл алуу	kabıl aluu
confirmar (vt)	ырастоо	ırastoo
confirmação (f)	ырастоо	ırastoo
permissão (f)	уруксат	uruksat
permitir (vt)	уруксат берүү	uruksat beryy
decisão (f)	чечим	tʃetʃim
não dizer nada	унчукпоо	untʃukpoo
condição (com uma ~)	шарт	ʃart
pretexto (m)	шылтоо	ʃıltoo
elogio (m)	алкыш	alkıʃ
elogiar (vt)	мактоо	maktoo

66. Sucesso. Boa sorte. Insucesso

êxito, sucesso (m)	ийгилик	ijgilik
com êxito	ийгиликтүү	ijgiliktyy
bem sucedido	ийгиликтүү	ijgiliktyy
sorte (fortuna)	жол болуу	dʒol boluu
Boa sorte!	Ийгилик!	ijgilik!
de sorte	ийгиликтүү	ijgiliktyy
sortudo, felizardo	жолу бар	dʒolu bar
fracasso (m)	жолу болбостук	dʒolu bolbostuk
pouca sorte (f)	жолу болбостук	dʒolu bolbostuk
azar (m), má sorte (f)	жолу болбоо	dʒolu bolboo
mal sucedido	жолу болбогон	dʒolu bolbogon
catástrofe (f)	киши көрбөсүн	kiʃi kørbøsyn
orgulho (m)	сыймык	sıjmık
orgulhoso	көтөрүнгөн	køtøryngøn
estar orgulhoso	сыймыктануу	sıjmıktanuu
vencedor (m)	жеңүүчү	dʒeŋyytʃy
vencer (vi)	жеңүү	dʒeŋyy
perder (vt)	жеңилүү	dʒeŋilyy
tentativa (f)	аракет	araket
tentar (vt)	аракет кылуу	araket kıluu
chance (m)	мүмкүнчүлүк	mymkyntʃylyk

67. Conflitos. Emoções negativas

grito (m)	кыйкырык	kıjkırık
gritar (vi)	кыйкыруу	kıjkıruu

começar a gritar	кыйкырып алуу	kıjkırıp aluu
discussão (f)	уруш	uruʃ
discutir (vt)	урушуу	uruʃuu
escândalo (m)	чатак	tʃatak
criar escândalo	чатакташуу	tʃataktaʃuu
conflito (m)	чыр-чатак	tʃır-tʃatak
mal-entendido (m)	түшүнбөстүк	tyʃynbøstyk
insulto (m)	кордоо	kordoo
insultar (vt)	кемсинтүү	kemsintyy
insultado	катуу тийген	katuu tijgen
ofensa (f)	таарыныч	taarınıtʃ
ofender (vt)	көңүлгө тийүү	køŋylgø tijyy
ofender-se (vr)	таарынып калуу	taarınıp kaluu
indignação (f)	нааразылык	naarazılık
indignar-se (vr)	нааразы болуу	naarazı boluu
queixa (f)	арыз	arız
queixar-se (vr)	арызданыу	arızdanuu
desculpa (f)	кечирим	ketʃirim
desculpar-se (vr)	кечирим суроо	ketʃirim suroo
pedir perdão	кечирим суроо	ketʃirim suroo
crítica (f)	сын-пикир	sın-pikir
criticar (vt)	сындоо	sındoo
acusação (f)	айыптоо	ajıptoo
acusar (vt)	айыптоо	ajıptoo
vingança (f)	өч алуу	øtʃ aluu
vingar (vt)	өч алуу	øtʃ aluu
desprezo (m)	киши катары көрбөө	kiʃi katarı kørbøø
desprezar (vt)	киши катарына албоо	kiʃi katarına alboo
ódio (m)	жек көрүү	dʒek køryy
odiar (vt)	жек көрүү	dʒek køryy
nervoso	тынчы кеткен	tıntʃı ketken
estar nervoso	тынчы кетүү	tıntʃı ketyy
zangado	ачууланган	atʃuulangan
zangar (vt)	ачуусун келтирүү	atʃuusun keltiryy
humilhação (f)	кемсинтүү	kemsintyy
humilhar (vt)	кемсинтүү	kemsintyy
humilhar-se (vr)	байкуш болуу	bajkuʃ boluu
choque (m)	дендирөө	dendirøø
chocar (vt)	дендиретүү	dendiretyy
aborrecimento (m)	жагымсыз жагдай	dʒagımsız dʒagdaj
desagradável	жагымсыз	dʒagımsız
medo (m)	коркунуч	korkunutʃ
terrível (tempestade, etc.)	каардуу	kaarduu
assustador (ex. história ~a)	коркунучтуу	korkunutʃtuu
horror (m)	үрөй учуу	yrøj utʃuu

horrível (crime, etc.)	үрөй учуруу	yrøj utʃuruu
começar a tremer	калтырап баштоо	kaltırap baʃtoo
chorar (vi)	ыйлоо	ıjloo
começar a chorar	ыйлап жиберүү	ıjlap dʒiberyy
lágrima (f)	көз жаш	køz dʒaʃ
falta (f)	күнөө	kynøø
culpa (f)	күнөө сезими	kynøø sezimi
desonra (f)	уят	ujat
protesto (m)	нааразылык	naarazılık
stresse (m)	бушайман болуу	buʃajman boluu
perturbar (vt)	тынчын алуу	tıntʃın aluu
zangar-se com ...	жини келүү	dʒini kelyy
zangado	ачуулуу	atʃuuluu
terminar (vt)	токтотуу	toktotuu
praguejar	урушуу	uruʃuu
assustar-se	чоочуу	tʃootʃuu
golpear (vt)	уруу	uruu
brigar (na rua, etc.)	мушташуу	muʃtaʃuu
resolver (o conflito)	жөндөө	dʒøndøø
descontente	нааразы	naarazı
furioso	жаалданган	dʒaaldangan
Não está bem!	Бул жакшы эмес!	bul dʒakʃı emes!
É mau!	Бул жаман!	bul dʒaman!

Medicina

68. Doenças

doença (f)	оору	ooru
estar doente	ооруу	ooruu
saúde (f)	ден-соолук	den-sooluk
nariz (m) a escorrer	мурдунан суу агуу	murdunan suu aguu
amigdalite (f)	ангина	angina
constipação (f)	суук тийүү	suuk tijyy
constipar-se (vr)	суук тийгизип алуу	suuk tijgizip aluu
bronquite (f)	бронхит	bronχit
pneumonia (f)	кабыргадан сезгенүү	kabırgadan sezgenyy
gripe (f)	сасык тумоо	sasık tumoo
míope	алыстан көрө албоо	alıstan kørø alboo
presbita	жакындан көрө албоо	dʒakından kørø alboo
estrabismo (m)	кылый көздүүлүк	kılıj køzdyylyk
estrábico	кылый көздүүлүк	kılıj køzdyylyk
catarata (f)	челкөз	tʃelkøz
glaucoma (m)	глаукома	glaukoma
AVC (m), apoplexia (f)	мээге кан куюлуу	meege kan kujuluu
ataque (m) cardíaco	инфаркт	infarkt
enfarte (m) do miocárdio	инфаркт миокарда	infarkt miokarda
paralisia (f)	шал	ʃal
paralisar (vt)	шал болуу	ʃal boluu
alergia (f)	аллергия	allergija
asma (f)	астма	astma
diabetes (f)	диабет	diabet
dor (f) de dentes	тиш оорусу	tiʃ oorusu
cárie (f)	кариес	karies
diarreia (f)	ич өткү	itʃ øtky
prisão (f) de ventre	ич катуу	itʃ katuu
desarranjo (m) intestinal	ич бузулгандык	itʃ buzulgandık
intoxicação (f) alimentar	уулануу	uulanuu
intoxicar-se	уулануу	uulanuu
artrite (f)	артрит	artrit
raquitismo (m)	итий	itij
reumatismo (m)	кызыл жүгүрүк	kızıl dʒygyryk
arteriosclerose (f)	атеросклероз	ateroskleroz
gastrite (f)	карын сезгенүүсу	karın sezgenyysu
apendicite (f)	аппендицит	appenditsit

| colecistite (f) | холецистит | χoletsistit |
| úlcera (f) | жара | dʒara |

sarampo (m)	кызылча	kızıltʃa
rubéola (f)	кызамык	kızamık
iterícia (f)	сарык	sarık
hepatite (f)	гепатит	gepatit

esquizofrenia (f)	шизофрения	ʃizofrenija
raiva (f)	кутурма	kuturma
neurose (f)	невроз	nevroz
comoção (f) cerebral	мээнин чайкалышы	meenin tʃajkalıʃı

cancro (m)	рак	rak
esclerose (f)	склероз	skleroz
esclerose (f) múltipla	жайылган склероз	dʒajılgan skleroz

alcoolismo (m)	аракечтик	araketʃtik
alcoólico (m)	аракеч	araketʃ
sífilis (f)	котон жара	koton dʒara
SIDA (f)	СПИД	spid

tumor (m)	шишик	ʃiʃik
maligno	залалдуу	zalalduu
benigno	залалсыз	zalalsız

febre (f)	безгек	bezgek
malária (f)	безгек	bezgek
gangrena (f)	кабыз	kabız
enjoo (m)	деңиз оорусу	deŋiz oorusu
epilepsia (f)	талма	talma

epidemia (f)	эпидемия	epidemija
tifo (m)	келте	kelte
tuberculose (f)	кургак учук	kurgak utʃuk
cólera (f)	холера	χolera
peste (f)	кара тумоо	kara tumoo

69. Sintomas. Tratamentos. Parte 1

sintoma (m)	белги	belgi
temperatura (f)	дене табынын көтөрүлүшү	dene tabının køtørylyʃy
febre (f)	жогорку температура	dʒogorku temperatura
pulso (m)	тамыр кагышы	tamır kagıʃı

vertigem (f)	баш айлануу	baʃ ajlanuu
quente (testa, etc.)	ысык	ısık
calafrio (m)	чыйрыгуу	tʃijrıguu
pálido	купкуу	kupkuu

tosse (f)	жөтөл	dʒøtøl
tossir (vi)	жөтөлүү	dʒøtølyy
espirrar (vi)	чүчкүрүү	tʃytʃkyryy

| desmaio (m) | эси оо | esi oo |
| desmaiar (vi) | эси ооп жыгылуу | esi oop dʒıgıluu |

nódoa (f) negra	көк-ала	køk-ala
galo (m)	шишик	ʃiʃik
magoar-se (vr)	урунуп алуу	urunup aluu
pisadura (f)	көгөртүп алуу	køgørtyp aluu
aleijar-se (vr)	көгөртүп алуу	køgørtyp aluu

coxear (vi)	аксоо	aksoo
deslocação (f)	муундун чыгып кетүүсү	muundun tʃıgıp ketyysy
deslocar (vt)	чыгарып алуу	tʃıgarıp aluu
fratura (f)	сынуу	sınuu
fraturar (vt)	сындырып алуу	sındırıp aluu

corte (m)	кесилген жер	kesilgen dʒer
cortar-se (vr)	кесип алуу	kesip aluu
hemorragia (f)	кан кетүү	kan ketyy

| queimadura (f) | күйүк | kyjyk |
| queimar-se (vr) | күйгүзүп алуу | kyjgyzyp aluu |

picar (vt)	саюу	sajɵu
picar-se (vr)	сайып алуу	sajıp aluu
lesionar (vt)	кокустатып алуу	kokustatıp aluu
lesão (m)	кокустатып алуу	kokustatıp aluu
ferida (f), ferimento (m)	жара	dʒara
trauma (m)	жаракат	dʒarakat

delirar (vi)	жөлүү	dʒølyy
gaguejar (vi)	кекечтенүү	keketʃtenyy
insolação (f)	күн өтүү	kyn øtyy

70. Sintomas. Tratamentos. Parte 2

| dor (f) | оору | ooru |
| farpa (no dedo) | тикен | tiken |

suor (m)	тер	ter
suar (vi)	тердөө	terdøø
vómito (m)	кусуу	kusuu
convulsões (f pl)	тарамыш карышуусу	taramıʃ karıʃuusu

grávida	кош бойлуу	koʃ bojluu
nascer (vi)	төрөлүү	tørølyy
parto (m)	төрөт	tørøt
dar à luz	төрөө	tørøø
aborto (m)	бойдон түшүрүү	bojdon tyʃyryy

respiração (f)	дем алуу	dem aluu
inspiração (f)	дем алуу	dem aluu
expiração (f)	дем чыгаруу	dem tʃıgaruu
expirar (vi)	дем чыгаруу	dem tʃıgaruu
inspirar (vi)	дем алуу	dem aluu

inválido (m)	майып	majıp
aleijado (m)	мунжу	mundʒu
toxicodependente (m)	баӊги	baŋgi

surdo	дүлөй	dyløj
mudo	дудук	duduk
surdo-mudo	дудук	duduk

louco (adj.)	жин тийген	dʒin tijgen
louco (m)	жинди чалыш	dʒindi tʃalıʃ
louca (f)	жинди чалыш	dʒindi tʃalıʃ
ficar louco	мээси айныган	meesi ajnıgan

gene (m)	ген	gen
imunidade (f)	иммунитет	immunitet
hereditário	тукум куучулук	tukum kuutʃuluk
congénito	тубаса	tubasa

vírus (m)	вирус	virus
micróbio (m)	микроб	mikrob
bactéria (f)	бактерия	bakterija
infeção (f)	жугуштуу илдет	dʒuguʃtuu ildet

71. Sintomas. Tratamentos. Parte 3

| hospital (m) | оорукана | oorukana |
| paciente (m) | бейтап | bejtap |

diagnóstico (m)	дарт аныктоо	dart anıktoo
cura (f)	дарылоо	darıloo
tratamento (m) médico	дарылоо	darıloo
curar-se (vr)	дарылануу	darılanuu
tratar (vt)	дарылоо	darıloo
cuidar (pessoa)	кароо	karoo
cuidados (m pl)	кароо	karoo

operação (f)	операция	operatsija
enfaixar (vt)	жараны таӊуу	dʒaranı taŋuu
enfaixamento (m)	таӊуу	taŋuu

vacinação (f)	эмдөө	emdøø
vacinar (vt)	эмдөө	emdøø
injeção (f)	ийне салуу	ijne saluu
dar uma injeção	ийне сайдыруу	ijne sajdıruu

ataque (~ de asma, etc.)	оору кармап калуу	ooru karmap kaluu
amputação (f)	кесүү	kesyy
amputar (vt)	кесип таштоо	kesip taʃtoo
coma (f)	кома	koma
estar em coma	комада болуу	komada boluu
reanimação (f)	реанимация	reanimatsija

| recuperar-se (vr) | сакаюу | sakajuu |
| estado (~ de saúde) | абал | abal |

| consciência (f) | эсинде | esinde |
| memória (f) | эс тутум | es tutum |

tirar (vt)	тишти жулуу	tiʃti dʒuluu
chumbo (m), obturação (f)	пломба	plomba
chumbar, obturar (vt)	пломба салуу	plomba saluu

| hipnose (f) | гипноз | gipnoz |
| hipnotizar (vt) | гипноз кылуу | gipnoz kıluu |

72. Médicos

médico (m)	доктур	doktur
enfermeira (f)	медсестра	medsestra
médico (m) pessoal	жекелик доктур	dʒekelik doktur

dentista (m)	тиш доктур	tiʃ doktur
oculista (m)	көз доктур	køz doktur
terapeuta (m)	терапевт	terapevt
cirurgião (m)	хирург	xirurg

psiquiatra (m)	психиатр	psixiatr
pediatra (m)	педиатр	pediatr
psicólogo (m)	психолог	psixolog
ginecologista (m)	гинеколог	ginekolog
cardiologista (m)	кардиолог	kardiolog

73. Medicina. Drogas. Acessórios

medicamento (m)	дары-дармек	darı-darmek
remédio (m)	дары	darı
receitar (vt)	жазып берүү	dʒazıp beryy
receita (f)	рецепт	retsept

comprimido (m)	таблетка	tabletka
pomada (f)	май	maj
ampola (f)	ампула	ampula
preparado (m)	аралашма	aralaʃma
xarope (m)	сироп	sirop
cápsula (f)	пилюля	pilülʲa
remédio (m) em pó	күкүм	kykym

ligadura (f)	бинт	bint
algodão (m)	пахта	paxta
iodo (m)	йод	jod

penso (m) rápido	лейкопластырь	lejkoplastırʲ
conta-gotas (m)	дары тамызгыч	darı tamızgıtʃ
termómetro (m)	градусник	gradusnik
seringa (f)	шприц	ʃprits
cadeira (f) de rodas	майып арабасы	majıp arabası
muletas (f pl)	колтук таяк	koltuk tajak

analgésico (m)	оору сездирбөөчү дары	ooru sezdirbøøʧy darı
laxante (m)	ич алдыруучу дары	iʧ aldıruuʧu darı
álcool (m) etílico	спирт	spirt
ervas (f pl) medicinais	дары чөптөр	darı ʧøptør
de ervas (chá ~)	чөп чайы	ʧøp ʧajı

74. Fumar. Produtos tabágicos

tabaco (m)	тамеки	tameki
cigarro (m)	чылым	ʧılım
charuto (m)	чылым	ʧılım
cachimbo (m)	трубка	trubka
maço (~ de cigarros)	пачке	paʧke
fósforos (m pl)	ширеңке	ʃireŋke
caixa (f) de fósforos	ширеңке кутусу	ʃireŋke kutusu
isqueiro (m)	зажигалка	zadʒigalka
cinzeiro (m)	күл салгыч	kyl salgıʧ
cigarreira (f)	портсигар	portsigar
boquilha (f)	мундштук	mundʃtuk
filtro (m)	фильтр	fil'tr
fumar (vi, vt)	тамеки тартуу	tameki tartuu
acender um cigarro	күйгүзүп алуу	kyjgyzyp aluu
tabagismo (m)	чылым чегүү	ʧılım ʧegyy
fumador (m)	тамекичи	tamekiʧi
beata (f)	чылым калдыгы	ʧılım kaldıgı
fumo (m)	түтүн	tytyn
cinza (f)	күл	kyl

HABITAT HUMANO

Cidade

75. Cidade. Vida na cidade

cidade (f)	шаар	ʃaar
capital (f)	борбор	borbor
aldeia (f)	кыштак	kıʃtak
mapa (m) da cidade	шаардын планы	ʃaardın planı
centro (m) da cidade	шаардын борбору	ʃaardın borboru
subúrbio (m)	шаардын чет жакасы	ʃaardın tʃet dʒakası
suburbano	шаардын чет жакасындагы	ʃaardın tʃet dʒakasındagı
periferia (f)	чет-жака	tʃet-dʒaka
arredores (m pl)	чет-жака	tʃet-dʒaka
quarteirão (m)	квартал	kvartal
quarteirão (m) residencial	турак-жай кварталы	turak-dʒaj kvartalı
tráfego (m)	кече кыймылы	køtʃø kıjmılı
semáforo (m)	светофор	svetofor
transporte (m) público	шаар транспорту	ʃaar transportu
cruzamento (m)	кесилиш	kesiliʃ
passadeira (f)	жөө жүрүүчүлөр жолу	dʒøø dʒyryytʃylør dʒolu
passagem (f) subterrânea	жер астындагы жол	dʒer astındagı dʒol
cruzar, atravessar (vt)	жолду өтүү	dʒoldu øtyy
peão (m)	жөө жүрүүчү	dʒøø dʒyryytʃy
passeio (m)	жанжол	dʒandʒol
ponte (f)	көпүрө	køpyrø
margem (f) do rio	жээк жол	dʒeek dʒol
fonte (f)	фонтан	fontan
alameda (f)	аллея	alleja
parque (m)	сейил багы	sejil bagı
bulevar (m)	бульвар	bulʲvar
praça (f)	аянт	ajant
avenida (f)	проспект	prospekt
rua (f)	көче	køtʃø
travessa (f)	чолок көчө	tʃolok køtʃø
beco (m) sem saída	туюк көчө	tujʉk køtʃø
casa (f)	үй	yj
edifício, prédio (m)	имарат	imarat
arranha-céus (m)	көк тиреген көп кабаттуу үй	køk tiregen køp kabattuu yj

fachada (f)	үйдүн алды	yjdyn aldı
telhado (m)	чатыр	tʃatır
janela (f)	терезе	tereze
arco (m)	түркүк	tyrkyk
coluna (f)	мамы	mamı
esquina (f)	бурч	burtʃ

montra (f)	көрсөтмө айнек үкөк	kørsøtmø ajnek ykøk
letreiro (m)	көрнөк	kørnøk
cartaz (m)	афиша	afiʃa
cartaz (m) publicitário	көрнөк-жарнак	kørnøk-dʒarnak
painel (m) publicitário	жарнамалык такта	dʒarnamalık takta

lixo (m)	таштанды	taʃtandı
cesta (f) do lixo	таштанды челек	taʃtandı tʃelek
jogar lixo na rua	таштоо	taʃtoo
aterro (m) sanitário	таштанды үйүлгөн жер	taʃtandı yjylgøn dʒer

cabine (f) telefónica	телефон будкасы	telefon budkası
candeeiro (m) de rua	чырак мамы	tʃırak mamı
banco (m)	отургуч	oturgutʃ

polícia (m)	полиция кызматкери	politsija kızmatkeri
polícia (instituição)	полиция	politsija
mendigo (m)	кайырчы	kajırtʃı
sem-abrigo (m)	селсаяк	selsajak

76. Instituições urbanas

loja (f)	дүкөн	dykøn
farmácia (f)	дарыкана	darıkana
ótica (f)	оптика	optika
centro (m) comercial	соода борбору	sooda borboru
supermercado (m)	супермаркет	supermarket

padaria (f)	нан дүкөнү	nan dykøny
padeiro (m)	навайчы	navajtʃı
pastelaria (f)	кондитердик дүкөн	konditerdik dykøn
mercearia (f)	азык-түлүк	azık-tylyk
talho (m)	эт дүкөнү	et dykøny

loja (f) de legumes	жашылча дүкөнү	dʒaʃıltʃa dykøny
mercado (m)	базар	bazar

café (m)	кофекана	kofekana
restaurante (m)	ресторан	restoran
bar (m), cervejaria (f)	сыракана	sırakana
pizzaria (f)	пиццерия	pitserija

salão (m) de cabeleireiro	чач тарач	tʃatʃ taratʃ
correios (m pl)	почта	potʃta
lavandaria (f)	химиялык тазалоо	ximijalık tazaloo
estúdio (m) fotográfico	фотоателье	fotoatelje
sapataria (f)	бут кийим дүкөнү	but kijim dykøny

| livraria (f) | китеп дүкөнү | kitep dykøny |
| loja (f) de artigos de desporto | спорт буюмдар дүкөнү | sport bujumdar dykøny |

reparação (f) de roupa	кийим ондоочу жай	kijim ondootʃu dʒaj
aluguer (m) de roupa	кийимди ижарага берүү	kijimdi idʒaraga beryy
aluguer (m) de filmes	тасмаларды ижарага берүү	tasmalardı idʒaraga beryy

circo (m)	цирк	tsırk
jardim (m) zoológico	зоопарк	zoopark
cinema (m)	кинотеатр	kinoteatr
museu (m)	музей	muzej
biblioteca (f)	китепкана	kitepkana

teatro (m)	театр	teatr
ópera (f)	опера	opera
clube (m) noturno	түнкү клуб	tynky klub
casino (m)	казино	kazino

mesquita (f)	мечит	metʃit
sinagoga (f)	синагога	sinagoga
catedral (f)	чоң чиркөө	tʃoŋ tʃirkøø
templo (m)	ибадаткана	ibadatkana
igreja (f)	чиркөө	tʃirkøø

instituto (m)	коллеж	kolledʒ
universidade (f)	университет	universitet
escola (f)	мектеп	mektep

prefeitura (f)	префектура	prefektura
câmara (f) municipal	мэрия	merija
hotel (m)	мейманкана	mejmankana
banco (m)	банк	bank

embaixada (f)	элчилик	eltʃilik
agência (f) de viagens	турагенттиги	turagenttigi
agência (f) de informações	маалымат бюросу	maalımat bɯrosu
casa (f) de câmbio	алмаштыруу пункту	almaʃtıruu punktu

| metro (m) | метро | metro |
| hospital (m) | оорукана | oorukana |

| posto (m) de gasolina | май куюучу станция | maj kujɯutʃu stantsija |
| parque (m) de estacionamento | унаа токтоочу жай | unaa toktootʃu dʒaj |

77. Transportes urbanos

autocarro (m)	автобус	avtobus
elétrico (m)	трамвай	tramvaj
troleicarro (m)	троллейбус	trollejbus
itinerário (m)	каттам	kattam
número (m)	номер	nomer
ir de … (carro, etc.)	… жүрүү	… dʒyryy
entrar (~ no autocarro)	… отуруу	… oturuu

descer de ...	... түшүп калуу	... tyʃyp kaluu
paragem (f)	аялдама	ajaldama
próxima paragem (f)	кийинки аялдама	kijinki ajaldama
ponto (m) final	акыркы аялдама	akırkı ajaldama
horário (m)	ырааттама	ıraattama
esperar (vt)	күтүү	kytyy

| bilhete (m) | билет | bilet |
| custo (m) do bilhete | билеттин баасы | bilettin baası |

bilheteiro (m)	кассир	kassir
controlo (m) dos bilhetes	текшерүү	tekʃeryy
revisor (m)	текшерүүчү	tekʃeryytʃy

atrasar-se (vr)	кечигүү	ketʃigyy
perder (o autocarro, etc.)	кечигип калуу	ketʃigip kaluu
estar com pressa	шашуу	ʃaʃuu

táxi (m)	такси	taksi
taxista (m)	такси айдоочу	taksi ajdootʃu
de táxi (ir ~)	таксиде	takside
praça (f) de táxis	такси токтоочу жай	taksi toktootʃu dʒaj
chamar um táxi	такси чакыруу	taksi tʃakıruu
apanhar um táxi	такси кармоо	taksi karmoo

tráfego (m)	көчө кыймылы	køtʃø kıjmılı
engarrafamento (m)	тыгын	tıgın
horas (f pl) de ponta	кызуу маал	kızuu maal
estacionar (vi)	токтотуу	toktotuu
estacionar (vt)	машинаны жайлаштыруу	maʃinanı dʒajlaʃtıruu
parque (m) de estacionamento	унаа токтоочу жай	unaa toktootʃu dʒaj

metro (m)	метро	metro
estação (f)	бекет	beket
ir de metro	метродо жүрүү	metrodo dʒyryy
comboio (m)	поезд	poezd
estação (f)	вокзал	vokzal

78. Turismo

monumento (m)	эстелик	estelik
fortaleza (f)	чеп	tʃep
palácio (m)	сарай	saraj
castelo (m)	сепил	sepil
torre (f)	мунара	munara
mausoléu (m)	күмбөз	kymbøz

arquitetura (f)	архитектура	arχitektura
medieval	орто кылымдык	orto kılımdık
antigo	байыркы	bajırkı
nacional	улуттук	uluttuk
conhecido	таанымал	taanımal
turista (m)	турист	turist
guia (pessoa)	гид	gid

excursão (f)	экскурсия	ekskursija
mostrar (vt)	көрсөтүү	kørsøtyy
contar (vt)	айтып берүү	ajtıp beryy

encontrar (vt)	табуу	tabuu
perder-se (vr)	адашып кетүү	adaʃıp ketyy
mapa (~ do metrô)	схема	sχema
mapa (~ da cidade)	план	plan

lembrança (f), presente (m)	асембелек	asembelek
loja (f) de presentes	асембелек дүкөнү	asembelek dykøny
fotografar (vt)	сүрөткө тартуу	syrøtkø tartuu
fotografar-se	сүрөткө түшүү	syrøtkø tyʃyy

79. Compras

comprar (vt)	сатып алуу	satıp aluu
compra (f)	сатып алуу	satıp aluu
fazer compras	сатып алууга чыгуу	satıp aluuga ʧıguu
compras (f pl)	базарчылоо	bazarʧıloo

| estar aberta (loja, etc.) | иштөө | iʃtøø |
| estar fechada | жабылуу | dʒabıluu |

calçado (m)	бут кийим	but kijim
roupa (f)	кийим-кече	kijim-ketʃe
cosméticos (m pl)	упа-эндик	upa-endik
alimentos (m pl)	азык-түлүк	azık-tylyk
presente (m)	белек	belek

| vendedor (m) | сатуучу | satuutʃu |
| vendedora (f) | сатуучу кыз | satuutʃu kız |

caixa (f)	касса	kassa
espelho (m)	күзгү	kyzgy
balcão (m)	прилавок	prilavok
cabine (f) de provas	кийим ченөөчү бөлмө	kijim ʧenøøtʃy bølmø

provar (vt)	кийим ченөө	kijim ʧenøø
servir (vi)	ылайык келүү	ılajık kelyy
gostar (apreciar)	жактыруу	dʒaktıruu

preço (m)	баа	baa
etiqueta (f) de preço	баа	baa
custar (vt)	туруу	turuu
Quanto?	Канча?	kantʃa?
desconto (m)	арзандатуу	arzandatuu

não caro	кымбат эмес	kımbat emes
barato	арзан	arzan
caro	кымбат	kımbat
É caro	Бул кымбат	bul kımbat
aluguer (m)	ижара	idʒara
alugar (vestidos, etc.)	ижарага алуу	idʒaraga aluu

| crédito (m) | насыя | nasıja |
| a crédito | насыяга алуу | nasıjaga aluu |

80. Dinheiro

dinheiro (m)	акча	aktʃa
câmbio (m)	алмаштыруу	almaʃtıruu
taxa (f) de câmbio	курс	kurs
Caixa Multibanco (m)	банкомат	bankomat
moeda (f)	тыйын	tıjın

| dólar (m) | доллар | dollar |
| euro (m) | евро | evro |

lira (f)	италиялык лира	italijalık lira
marco (m)	немис маркасы	nemis markası
franco (m)	франк	frank
libra (f) esterlina	фунт стерлинг	funt sterling
iene (m)	йена	jena

dívida (f)	карыз	karız
devedor (m)	карыздар	karızdar
emprestar (vt)	карызга берүү	karızga beryy
pedir emprestado	карызга алуу	karızga aluu

banco (m)	банк	bank
conta (f)	эсеп	esep
depositar (vt)	салуу	saluu
depositar na conta	эсепке акча салуу	esepke aktʃa saluu
levantar (vt)	эсептен акча чыгаруу	esepten aktʃa tʃıgaruu

cartão (m) de crédito	насыя картасы	nasıja kartası
dinheiro (m) vivo	нактагай акча	naktalaj aktʃa
cheque (m)	чек	tʃek
passar um cheque	чек жазып берүү	tʃek dʒazıp beryy
livro (m) de cheques	чек китепчеси	tʃek kiteptʃesi

carteira (f)	намыян	namıjan
porta-moedas (m)	капчык	kaptʃık
cofre (m)	сейф	sejf

herdeiro (m)	мураскер	murasker
herança (f)	мурас	muras
fortuna (riqueza)	мүлк	mylk

arrendamento (m)	ижара	idʒara
renda (f) de casa	батир акысы	batir akısı
alugar (vt)	батирге алуу	batirge aluu

preço (m)	баа	baa
custo (m)	баа	baa
soma (f)	сумма	summa
gastar (vt)	коротуу	korotuu
gastos (m pl)	чыгым	tʃıgım

economizar (vi)	үнөмдөө	ynømdøø
económico	сарамжал	saramdʒal

pagar (vt)	төлөө	tøløø
pagamento (m)	акы төлөө	akı tøløø
troco (m)	кайтарылган майда акча	kajtarılgan majda aktʃa

imposto (m)	салык	salık
multa (f)	айып	ajıp
multar (vt)	айып пул салуу	ajıp pul saluu

81. Correios. Serviço postal

correios (m pl)	почта	potʃta
correio (m)	почта	potʃta
carteiro (m)	кат ташуучу	kat taʃuutʃu
horário (m)	иш сааттары	iʃ saattarı

carta (f)	кат	kat
carta (f) registada	тапшырык кат	tapʃırık kat
postal (m)	открытка	otkrıtka
telegrama (m)	телеграмма	telegramma
encomenda (f) postal	посылка	posılka
remessa (f) de dinheiro	акча которуу	aktʃa kotoruu

receber (vt)	алуу	aluu
enviar (vt)	жөнөтүү	dʒønøtyy
envio (m)	жөнөтүү	dʒønøtyy

endereço (m)	дарек	darek
código (m) postal	индекс	indeks
remetente (m)	жөнөтүүчү	dʒønøtyytʃy
destinatário (m)	алуучу	aluutʃu

nome (m)	аты	atı
apelido (m)	фамилиясы	familijası

tarifa (f)	тариф	tarif
ordinário	жөнөкөй	dʒønøkøj
económico	үнөмдүү	ynømdyy

peso (m)	салмак	salmak
pesar (estabelecer o peso)	таразалоо	tarazaloo
envelope (m)	конверт	konvert
selo (m)	марка	marka
colar o selo	марка жабыштыруу	marka dʒabıʃtıruu

Moradia. Casa. Lar

82. Casa. Habitação

casa (f)	үй	yj
em casa	үйүндө	yjyndø
pátio (m)	эшик	eʃik
cerca (f)	тосмо	tosmo
tijolo (m)	кыш	kɪʃ
de tijolos	кыштан	kɪʃtan
pedra (f)	таш	taʃ
de pedra	таш	taʃ
betão (m)	бетон	beton
de betão	бетон	beton
novo	жаңы	dʒaŋɪ
velho	эски	eski
decrépito	эскирген	eskirgen
moderno	заманбап	zamanbap
de muitos andares	көп кабаттуу	køp kabattuu
alto	бийик	bijik
andar (m)	кабат	kabat
de um andar	бир кабаттуу	bir kabat
andar (m) de baixo	ылдыйкы этаж	ɪldɪjkɪ etadʒ
andar (m) de cima	үстүнкү этаж	ystyŋky etadʒ
telhado (m)	чатыр	tʃatɪr
chaminé (f)	мор	mor
telha (f)	чатыр карапа	tʃatɪr karapa
de telha	карапалуу	karapaluu
sótão (m)	чердак	tʃerdak
janela (f)	терезе	tereze
vidro (m)	айнек	ajnek
parapeito (m)	текче	tektʃe
portadas (f pl)	терезе жапкычы	tereze dʒapkɪtʃɪ
parede (f)	дубал	dubal
varanda (f)	балкон	balkon
tubo (m) de queda	суу аккан түтүк	suu akkan tytyk
em cima	өйдө	øjdø
subir (~ as escadas)	көтөрүлүү	køtørylyy
descer (vi)	ылдый түшүү	ɪldɪj tyʃyy
mudar-se (vr)	көчүү	køtʃyy

83. Casa. Entrada. Elevador

entrada (f)	подъезд	podʰjezd
escada (f)	тепкич	tepkitʃ
degraus (m pl)	тепкичтер	tepkitʃter
corrimão (m)	тосмо	tosmo
hall (m) de entrada	холл	χoll

caixa (f) de correio	почта ящиги	potʃta jaʃtʃigi
caixote (m) do lixo	таштанды челеги	taʃtandı tʃelegi
conduta (f) do lixo	таштанды түтүгү	taʃtandı tytygy

elevador (m)	лифт	lift
elevador (m) de carga	жүк ташуучу лифт	dʒyk taʃuutʃu lift
cabine (f)	кабина	kabina
pegar o elevador	лифтке түшүү	liftke tyʃyy

apartamento (m)	батир	batir
moradores (m pl)	жашоочулар	dʒaʃootʃular
vizinho (m)	кошуна	koʃuna
vizinha (f)	кошуна	koʃuna
vizinhos (pl)	кошуналар	koʃunalar

84. Casa. Portas. Fechaduras

porta (f)	эшик	eʃik
portão (m)	дарбаза	darbaza
maçaneta (f)	тутка	tutka
destrancar (vt)	кулпусун ачуу	kulpusun atʃuu
abrir (vt)	ачуу	atʃuu
fechar (vt)	жабуу	dʒabuu

chave (f)	ачкыч	atʃkıtʃ
molho (m)	ачкычтар тизмеси	atʃkıtʃtar tizmesi
ranger (vi)	кычыратуу	kıtʃıratuu
rangido (m)	чыйкылдоо	tʃıjkıldoo
dobradiça (f)	петля	petlʲa
tapete (m) de entrada	килемче	kilemtʃe

fechadura (f)	кулпу	kulpu
buraco (m) da fechadura	кулпу тешиги	kulpu teʃigi
ferrolho (m)	бекитме	bekitme
fecho (ferrolho pequeno)	тээк	teek
cadeado (m)	асма кулпу	asma kulpu

tocar (vt)	чалуу	tʃaluu
toque (m)	шыңгыраш	ʃıŋgıraʃ
campainha (f)	конгуроо	konguroo
botão (m)	конгуроо баскычы	konguroo baskıtʃı
batida (f)	такылдатуу	takıldatuu
bater (vi)	такылдатуу	takıldatuu
código (m)	код	kod
fechadura (f) de código	код кулпусу	kod kulpusu

telefone (m) de porta	домофон	domofon
número (m)	номер	nomer
placa (f) de porta	тактача	taktatʃa
vigia (f), olho (m) mágico	көзче	køztʃø

85. Casa de campo

| aldeia (f) | кыштак | kıʃtak |
| horta (f) | чарбак | tʃarbak |

cerca (f)	тосмо	tosmo
paliçada (f)	кашаа	kaʃaa
cancela (f) do jardim	каалга	kaalga

celeiro (m)	кампа	kampa
adega (f)	吾роо	oroo
galpão, barracão (m)	сарай	saraj
poço (m)	кудук	kuduk

| fogão (m) | меш | meʃ |
| atiçar o fogo | меш жагуу | meʃ dʒaguu |

| lenha (carvão ou ~) | отун | otun |
| acha (lenha) | бир кертим жыгач | bir kertim dʒıgatʃ |

varanda (f)	веранда	veranda
alpendre (m)	терасса	terassa
degraus (m pl) de entrada	босого	bosogo
balouço (m)	селкинчек	selkintʃek

86. Castelo. Palácio

castelo (m)	сепил	sepil
palácio (m)	сарай	saraj
fortaleza (f)	чеп	tʃep

muralha (f)	дубал	dubal
torre (f)	мунара	munara
calabouço (m)	баш мунара	baʃ munara

grade (f) levadiça	көтөрүлүүчү дарбаза	køtørylyytʃy darbaza
passagem (f) subterrânea	жер астындагы жол	dʒer astındagı dʒol
fosso (m)	сепил аңгеги	sepil aŋgegi

| corrente, cadeia (f) | чынжыр | tʃındʒır |
| seteira (f) | атуучу тешик | atuutʃu teʃik |

| magnífico | сонун | sonun |
| majestoso | даңазалуу | daŋazaluu |

| inexpugnável | бекем чеп | bekem tʃep |
| medieval | орто кылымдык | orto kılımdık |

87. Apartamento

apartamento (m)	батир	batir
quarto (m)	бөлмө	bølmø
quarto (m) de dormir	уктоочу бөлмө	uktootʃu bølmø
sala (f) de jantar	ашкана	aʃkana
sala (f) de estar	конок үйү	konok yjy
escritório (m)	иш бөлмөсү	iʃ bølmøsy
antessala (f)	кире бериш	kire beriʃ
quarto (m) de banho	ванная	vannaja
toilette (lavabo)	даараткана	daaratkana
teto (m)	шып	ʃıp
chão, soalho (m)	пол	pol
canto (m)	бурч	burtʃ

88. Apartamento. Limpeza

arrumar, limpar (vt)	жыйноо	dʒıjnoo
guardar (no armário, etc.)	жыйноо	dʒıjnoo
pó (m)	чаң	tʃaŋ
empoeirado	чаң баскан	tʃaŋ baskan
limpar o pó	чаң сүртүү	tʃaŋ syrtyy
aspirador (m)	чаң соргуч	tʃaŋ sorgutʃ
aspirar (vt)	чаң сордуруу	tʃaŋ sorduruu
varrer (vt)	шыпыруу	ʃıpıruu
sujeira (f)	шыпырынды	ʃıpırındı
arrumação (f), ordem (f)	иреттелген	irettelgen
desordem (f)	чачылган	tʃatʃılgan
esfregão (m)	швабра	ʃvabra
pano (m), trapo (m)	чүпүрөк	tʃypyrøk
vassoura (f)	шыпыргы	ʃıpırgı
pá (f) de lixo	калак	kalak

89. Mobiliário. Interior

mobiliário (m)	эмерек	emerek
mesa (f)	стол	stol
cadeira (f)	стул	stul
cama (f)	керебет	kerebet
divã (m)	диван	divan
cadeirão (m)	олпок отургуч	olpok oturgutʃ
estante (f)	китеп шкафы	kitep ʃkafı
prateleira (f)	текче	tektʃe
guarda-vestidos (m)	шкаф	ʃkaf
cabide (m) de parede	кийим илгич	kijim ilgitʃ

cabide (m) de pé	кийим илгич	kijim ilgitʃ
cómoda (f)	комод	komod
mesinha (f) de centro	журнал столу	dʒurnal stolu
espelho (m)	күзгү	kyzgy
tapete (m)	килем	kilem
tapete (m) pequeno	килемче	kilemtʃe
lareira (f)	очок	otʃok
vela (f)	шам	ʃam
castiçal (m)	шамдал	ʃamdal
cortinas (f pl)	парда	parda
papel (m) de parede	туш кагаз	tuʃ kagaz
estores (f pl)	жалюзи	dʒaldʒuzi
candeeiro (m) de mesa	стол чырагы	stol tʃıragı
candeeiro (m) de parede	чырак	tʃırak
candeeiro (m) de pé	торшер	torʃer
lustre (m)	асма шам	asma ʃam
pé (de mesa, etc.)	бут	but
braço (m)	чыканак такооч	tʃıkanak takootʃ
costas (f pl)	жөлөнгүч	dʒøløngytʃ
gaveta (f)	суурма	suurma

90. Quarto de dormir

roupa (f) de cama	шейшеп	ʃejʃep
almofada (f)	жаздык	dʒazdık
fronha (f)	жаздык кап	dʒazdık kap
cobertor (m)	жууркан	dʒuurkan
lençol (m)	шейшеп	ʃejʃep
colcha (f)	жапкыч	dʒapkıtʃ

91. Cozinha

cozinha (f)	ашкана	aʃkana
gás (m)	газ	gaz
fogão (m) a gás	газ плитасы	gaz plitası
fogão (m) elétrico	электр плитасы	elektr plitası
forno (m)	духовка	duxovka
forno (m) de micro-ondas	микротолкун меши	mikrotolkun meʃi
frigorífico (m)	муздаткыч	muzdatkıtʃ
congelador (m)	тоңдургуч	toŋdurgutʃ
máquina (f) de lavar louça	идиш жуучу машина	idiʃ dʒuutʃu maʃina
moedor (m) de carne	эт туурагыч	et tuuragıtʃ
espremedor (m)	шире сыккыч	ʃire sıkkıtʃ
torradeira (f)	тостер	toster
batedeira (f)	миксер	mikser

máquina (f) de café	кофе кайнаткыч	kofe kajnatkıtʃ
cafeteira (f)	кофе кайнатуучу идиш	kofe kajnatuutʃu idiʃ
moinho (m) de café	кофе майдалагыч	kofe majdalagıtʃ
chaleira (f)	чайнек	tʃajnek
bule (m)	чайнек	tʃajnek
tampa (f)	капкак	kapkak
coador (m) de chá	чыпка	tʃıpka
colher (f)	кашык	kaʃik
colher (f) de chá	чай кашык	tʃaj kaʃık
colher (f) de sopa	аш кашык	aʃ kaʃık
garfo (m)	вилка	vilka
faca (f)	бычак	bıtʃak
louça (f)	идиш-аяк	idiʃ-ajak
prato (m)	табак	tabak
pires (m)	табак	tabak
cálice (m)	рюмка	rʊmka
copo (m)	ыстакан	ıstakan
chávena (f)	чөйчөк	tʃøjtʃøk
açucareiro (m)	кум шекер салгыч	kum ʃeker salgıtʃ
saleiro (m)	туз салгыч	tuz salgıtʃ
pimenteiro (m)	мурч салгыч	murtʃ salgıtʃ
manteigueira (f)	май салгыч	maj salgıtʃ
panela, caçarola (f)	мискей	miskej
frigideira (f)	табак	tabak
concha (f)	чөмүч	tʃømytʃ
passador (m)	депкир	depkir
bandeja (f)	батыныс	batınıs
garrafa (f)	бөтөлкө	bøtølkø
boião (m) de vidro	банка	banka
lata (f)	банка	banka
abre-garrafas (m)	ачкыч	atʃkıtʃ
abre-latas (m)	ачкыч	atʃkıtʃ
saca-rolhas (m)	штопор	ʃtopor
filtro (m)	чыпка	tʃıpka
filtrar (vt)	чыпкалоо	tʃıpkaloo
lixo (m)	таштанды	taʃtandı
balde (m) do lixo	таштанды чака	taʃtandı tʃaka

92. Casa de banho

quarto (m) de banho	ванная	vannaja
água (f)	суу	suu
torneira (f)	чорго	tʃorgo
água (f) quente	ысык суу	ısık suu
água (f) fria	муздак суу	muzdak suu

pasta (f) de dentes	тиш пастасы	tiʃ pastası
escovar os dentes	тиш жуу	tiʃ dʒuu
escova (f) de dentes	тиш щёткасы	tiʃ ʃtʃotkası

barbear-se (vr)	кырынуу	kırınuu
espuma (f) de barbear	кырынуу үчүн көбүк	kırınuu ytʃyn købyk
máquina (f) de barbear	устара	ustara

lavar (vt)	жуу	dʒuu
lavar-se (vr)	жуунуу	dʒuunuu
duche (m)	душ	duʃ
tomar um duche	душка түшүү	duʃka tyʃyy

banheira (f)	ванна	vanna
sanita (f)	унитаз	unitaz
lavatório (m)	раковина	rakovina

| sabonete (m) | самын | samın |
| saboneteira (f) | самын салгыч | samın salgıtʃ |

esponja (f)	губка	gubka
champô (m)	шампунь	ʃampunʲ
toalha (f)	сүлгү	sylgy
roupão (m) de banho	халат	χalat

lavagem (f)	кир жуу	kir dʒuu
máquina (f) de lavar	кир жуучу машина	kir dʒuutʃu maʃina
lavar a roupa	кир жуу	kir dʒuu
detergente (m)	кир жуучу порошок	kir dʒuutʃu poroʃok

93. Eletrodomésticos

televisor (m)	сыналгы	sınalgı
gravador (m)	магнитофон	magnitofon
videogravador (m)	видеомагнитофон	videomagnitofon
rádio (m)	үналгы	ynalgı
leitor (m)	плеер	pleer

projetor (m)	видеопроектор	videoproektor
cinema (m) em casa	үй кинотеатры	yj kinoteatrı
leitor (m) de DVD	DVD ойноткуч	dividi ojnotkutʃ
amplificador (m)	күчөткүч	kytʃøtkytʃ
console (f) de jogos	оюн приставкасы	ojun pristavkası

câmara (f) de vídeo	видеокамера	videokamera
máquina (f) fotográfica	фотоаппарат	fotoapparat
câmara (f) digital	санарип камерасы	sanarip kamerası

aspirador (m)	чаң соргуч	tʃaŋ sorgutʃ
ferro (m) de engomar	үтүк	ytyk
tábua (f) de engomar	үтүктөөчү тактай	ytyktøøtʃy taktaj

| telefone (m) | телефон | telefon |
| telemóvel (m) | мобилдик | mobildik |

| máquina (f) de escrever | машинка | maʃinka |
| máquina (f) de costura | кийим тигүүчү машинка | kijim tigyytʃy maʃinka |

microfone (m)	микрофон	mikrofon
auscultadores (m pl)	кулакчын	kulaktʃın
controlo remoto (m)	пульт	pulʲt

CD (m)	CD, компакт-диск	sidi, kompakt-disk
cassete (f)	кассета	kasseta
disco (m) de vinil	пластинка	plastinka

94. Reparações. Renovação

renovação (f)	ремонт	remont
renovar (vt), fazer obras	ремонт жасоо	remont dʒasoo
reparar (vt)	оңдоо	oŋdoo
consertar (vt)	иретке келтирүү	iretke keltiryy
refazer (vt)	кайра жасатуу	kajra dʒasatuu

tinta (f)	сыр	sır
pintar (vt)	боео	boeo
pintor (m)	боекчу	boektʃu
pincel (m)	кисть	kistʲ

| cal (f) | акиташ | akitaʃ |
| caiar (vt) | актоо | aktoo |

papel (m) de parede	туш кагаз	tuʃ kagaz
colocar papel de parede	туш кагаз менен чаптоо	tuʃ kagaz menen tʃaptoo
verniz (m)	лак	lak
envernizar (vt)	лак менен жабуу	lak menen dʒabuu

95. Canalizações

água (f)	суу	suu
água (f) quente	ысык суу	ısık suu
água (f) fria	муздак суу	muzdak suu
torneira (f)	чорго	tʃorgo

gota (f)	тамчы	tamtʃı
gotejar (vi)	тамчылоо	tamtʃıloo
vazar (vt)	агуу	aguu
vazamento (m)	суу өтүү	suu øtyy
poça (f)	көлчүк	køltʃyk

tubo (m)	түтүк	tytyk
válvula (f)	чорго	tʃorgo
entupir-se (vr)	тыгылуу	tıgıluu

ferramentas (f pl)	аспаптар	aspaptar
chave (f) inglesa	бурама ачкыч	burama atʃkıtʃ
desenroscar (vt)	бурап чыгаруу	burap tʃıgaruu

enroscar (vt)	бурап бекитүү	burap bekityy
desentupir (vt)	тазалоо	tazaloo
canalizador (m)	сантехник	santeχnik
cave (f)	жер асты	dʒer astı
sistema (m) de esgotos	канализация	kanalizatsija

96. Fogo. Deflagração

incêndio (m)	өрт	ørt
chama (f)	жалын	dʒalın
faísca (f)	учкун	utʃkun
fumo (m)	түтүн	tytyn
tocha (f)	шамана	ʃamana
fogueira (f)	от	ot

gasolina (f)	күйгүчү май	kyjyytʃy may
querosene (m)	керосин	kerosin
inflamável	күйгүчү	kyjyytʃy
explosivo	жарылуу коркунучу	dʒarıluu korkunutʃu
PROIBIDO FUMAR!	ТАМЕКИ ЧЕГҮҮГӨ БОЛБОЙТ!	tameki tʃegyygø bolbojt!

segurança (f)	коопсуз	koopsuz
perigo (m)	коркунуч	korkunutʃ
perigoso	кооптуу	kooptuu

incendiar-se (vr)	от алуу	ot aluu
explosão (f)	жарылуу	dʒarıluu
incendiar (vt)	өрттөө	ørttøø
incendiário (m)	өрттөөчү	ørttøøtʃy
incêndio (m) criminoso	өрттөө	ørttøø

arder (vi)	жалындап күйгү	dʒalındap kyjyy
queimar (vi)	күйгү	kyjyy
queimar tudo (vi)	күйүп кетүү	kyjyp ketyy

chamar os bombeiros	өрт өчүргүчтөрдү чакыруу	ørt øtʃyrgytʃtørdy tʃakıruu
bombeiro (m)	өрт өчүргүч	ørt øtʃyrgytʃ
carro (m) de bombeiros	өрт өчүргүчү машина	ørt øtʃyryytʃy maʃina
corpo (m) de bombeiros	өрт өчүргү командасы	ørt øtʃyryy komandası
escada (f) extensível	өрт өчүргүчү шаты	ørt øtʃyryytʃy ʃatı

mangueira (f)	шланг	ʃlang
extintor (m)	өрт өчүргүч	ørt øtʃyrgytʃ
capacete (m)	каска	kaska
sirene (f)	сирена	sirena

gritar (vi)	айгай салуу	ajgaj saluu
chamar por socorro	жардамга чакыруу	dʒardamga tʃakıruu
salvador (m)	куткаруучу	kutkaruutʃu
salvar, resgatar (vt)	куткаруу	kutkaruu
chegar (vi)	келүү	kelyy
apagar (vt)	өчүргү	øtʃyryy

| água (f) | суу | suu |
| areia (f) | кум | kum |

ruínas (f pl)	уранды	urandı
ruir (vi)	уроо	uroo
desmoronar (vi)	кулоо	kuloo
desabar (vi)	урап тушүү	urap tuʃyy

| fragmento (m) | сынык | sınık |
| cinza (f) | күл | kyl |

| sufocar (vi) | тумчугуу | tumtʃuguu |
| perecer (vi) | өлүү | ølyy |

ATIVIDADES HUMANAS

Emprego. Negócios. Parte 1

97. Banca

banco (m)	банк	bank
sucursal, balcão (f)	бөлүм	bølym
consultor (m)	кеңешчи	keŋeʃʧi
gerente (m)	башкаруучу	baʃkaruutʃu
conta (f)	эсеп	esep
número (m) da conta	эсеп номери	esep nomeri
conta (f) corrente	учурдагы эсеп	utʃurdagı esep
conta (f) poupança	топтолмо эсеп	toptolmo esep
abrir uma conta	эсеп ачуу	esep atʃuu
fechar uma conta	эсеп жабуу	esep dʒabuu
depositar na conta	эсепке акча салуу	esepke aktʃa saluu
levantar (vt)	эсептен акча чыгаруу	esepten aktʃa tʃıgaruu
depósito (m)	аманат	amanat
fazer um depósito	аманат кылуу	amanat kıluu
transferência (f) bancária	акча которуу	aktʃa kotoruu
transferir (vt)	акча которуу	aktʃa kotoruu
soma (f)	сумма	summa
Quanto?	Канча?	kantʃa?
assinatura (f)	кол тамга	kol tamga
assinar (vt)	кол коюу	kol kojuu
cartão (m) de crédito	насыя картасы	nasıja kartası
código (m)	код	kod
número (m) do cartão de crédito	насыя картанын номери	nasıja kartanın nomeri
Caixa Multibanco (m)	банкомат	bankomat
cheque (m)	чек	tʃek
passar um cheque	чек жазып берүү	tʃek dʒazıp beryy
livro (m) de cheques	чек китепчеси	tʃek kiteptʃesi
empréstimo (m)	насыя	nasıja
pedir um empréstimo	насыя үчүн кайрылуу	nasıja ytʃyn kajrıluu
obter um empréstimo	насыя алуу	nasıja aluu
conceder um empréstimo	насыя берүү	nasıja beryy
garantia (f)	кепилдик	kepildik

98. Telefone. Conversação telefónica

telefone (m)	телефон	telefon
telemóvel (m)	мобилдик	mobildik
secretária (f) electrónica	автоматтык жооп берүүчү	avtomattık dʒoop beryytʃy
fazer uma chamada	чалуу	tʃaluu
chamada (f)	чакыруу	tʃakıruu
marcar um número	номер терүү	nomer teryy
Alô!	Алло!	allo!
perguntar (vt)	суроо	suroo
responder (vt)	жооп берүү	dʒoop beryy
ouvir (vt)	угуу	uguu
bem	жакшы	dʒakʃı
mal	жаман	dʒaman
ruído (m)	ызы-чуу	ızı-tʃuu
auscultador (m)	трубка	trubka
pegar o telefone	трубканы алуу	trubkanı aluu
desligar (vi)	трубканы коюу	trubkanı kojʉu
ocupado	бош эмес	boʃ emes
tocar (vi)	шыңгыроо	ʃıŋgıroo
lista (f) telefónica	телефондук китепче	telefonduk kiteptʃe
local	жергиликтүү	dʒergiliktyy
chamada (f) local	жергиликтүү чакыруу	dʒergiliktyy tʃakıruu
de longa distância	шаар аралык	ʃaar aralık
chamada (f) de longa distância	шаар аралык чакыруу	ʃaar aralık tʃakıruu
internacional	эл аралык	el aralık
chamada (f) internacional	эл аралык чакыруу	el aralık tʃakıruu

99. Telefone móvel

telemóvel (m)	мобилдик	mobildik
ecrã (m)	дисплей	displej
botão (m)	баскыч	baskıtʃ
cartão SIM (m)	SIM-карта	sim-karta
bateria (f)	батарея	batareja
descarregar-se	зарядканын түгөнүүсү	zarʲadkanın tygønyysy
carregador (m)	заряддоочу шайман	zarʲaddootʃu ʃajman
menu (m)	меню	menʉ
definições (f pl)	орнотуулар	ornotuular
melodia (f)	обон	obon
escolher (vt)	тандоо	tandoo
calculadora (f)	калькулятор	kalʲkulʲator
correio (m) de voz	автоматтык жооп бергич	avtomattık dʒoop bergitʃ

| despertador (m) | ойготкуч | ojgotkutʃ |
| contatos (m pl) | байланыштар | bajlanıʃtar |

| mensagem (f) de texto | SMS-кабар | esemes-kabar |
| assinante (m) | абонент | abonent |

100. Estacionário

| caneta (f) | калем сап | kalem sap |
| caneta (f) tinteiro | калем уч | kalem utʃ |

lápis (m)	карандаш	karandaʃ
marcador (m)	маркер	marker
caneta (f) de feltro	фломастер	flomaster

| bloco (m) de notas | дептерче | deptertʃe |
| agenda (f) | күндөлүк | kyndølyk |

régua (f)	сызгыч	sızgıtʃ
calculadora (f)	калькулятор	kalʲkulʲator
borracha (f)	өчүргүч	øtʃyrgytʃ
pionés (m)	кнопка	knopka
clipe (m)	кыскыч	kıskıtʃ

cola (f)	желим	dʒelim
agrafador (m)	степлер	stepler
furador (m)	тешкич	teʃkitʃ
afia-lápis (m)	учтагыч	utʃtagıtʃ

Emprego. Negócios. Parte 2

101. Media

jornal (m)	гезит	gezit
revista (f)	журнал	dʒurnal
imprensa (f)	пресса	pressa
rádio (m)	үналгы	ynalgı
estação (f) de rádio	радио толкуну	radio tolkunu
televisão (f)	телекөрсөтүү	telekørsøtyy
apresentador (m)	алып баруучу	alıp baruutʃu
locutor (m)	диктор	diktor
comentador (m)	баяндамачы	bajandamatʃı
jornalista (m)	журналист	dʒurnalist
correspondente (m)	кабарчы	kabartʃı
repórter (m) fotográfico	фотокорреспондент	fotokorrespondent
repórter (m)	репортёр	reportʼor
redator (m)	редактор	redaktor
redator-chefe (m)	башкы редактор	baʃkı redaktor
assinar a …	жазылуу	dʒazıluu
assinatura (f)	жазылуу	dʒazıluu
assinante (m)	жазылуучу	dʒazıluutʃu
ler (vt)	окуу	okuu
leitor (m)	окурман	okurman
tiragem (f)	нуска	nuska
mensal	ай сайын	aj sajın
semanal	жума сайын	dʒuma sajın
número (jornal, revista)	номер	nomer
recente	жаңы	dʒaŋı
manchete (f)	баш аты	baʃ atı
pequeno artigo (m)	кыскача макала	kıskatʃa makala
coluna (~ semanal)	рубрика	rubrika
artigo (m)	макала	makala
página (f)	бет	bet
reportagem (f)	репортаж	reportadʒ
evento (m)	окуя	okuja
sensação (f)	дүң салуу	dyŋ saluu
escândalo (m)	жаңжал	dʒaŋdʒal
escandaloso	жаңжалчы	dʒaŋdʒaltʃı
grande	чуулгандуу	tʃuulganduu
programa (m) de TV	көрсөтүү	kørsøtyy
entrevista (f)	интервью	intervjɨ

| transmissão (f) em direto | түз берүү | tyz beryy |
| canal (m) | канал | kanal |

102. Agricultura

agricultura (f)	дыйкан чарбачылык	dıjkan tʃarbatʃılık
camponês (m)	дыйкан	dıjkan
camponesa (f)	дыйкан аял	dıjkan ajal
agricultor (m)	фермер	fermer

| trator (m) | трактор | traktor |
| ceifeira-debulhadora (f) | комбайн | kombajn |

arado (m)	соко	soko
arar (vt)	жер айдоо	dʒer ajdoo
campo (m) lavrado	айдоо жер	ajdoo dʒer
rego (m)	жөөк	dʒøøk

semear (vt)	себүү	sebyy
semeadora (f)	сеялка	sejalka
semeadura (f)	эгүү	egyy

| gadanha (f) | чалгы | tʃalgı |
| gadanhar (vt) | чабуу | tʃabuu |

| pá (f) | күрөк | kyrøk |
| cavar (vt) | казуу | kazuu |

enxada (f)	кетмен	ketmen
carpir (vt)	отоо	otoo
erva (f) daninha	отоо чөп	otoo tʃøp

regador (m)	гүл челек	gyl tʃelek
regar (vt)	сугаруу	sugaruu
rega (f)	сугат	sugat

| forquilha (f) | айры | ajrı |
| ancinho (m) | тырмоо | tırmoo |

fertilizante (m)	жер семирткич	dʒer semirtkitʃ
fertilizar (vt)	жер семиртүү	dʒer semirtyy
estrume (m)	кык	kık

campo (m)	талаа	talaa
prado (m)	шалбаа	ʃalbaa
horta (f)	чарбак	tʃarbak
pomar (m)	бакча	baktʃa

pastar (vt)	жаюу	dʒadʒʉu
pastor (m)	чабан	tʃaban
pastagem (f)	жайыт	dʒajıt

| pecuária (f) | мал чарбачылык | mal tʃarbatʃılık |
| criação (f) de ovelhas | кой чарбачылык | koj tʃarbatʃılık |

plantação (f)	плантация	plantatsija
canteiro (m)	жөөк	dʒøøk
invernadouro (m)	күнөскана	kynøskana
seca (f)	кургакчылык	kurgaktʃılık
seco (verão ~)	кургак	kurgak
cereal (m)	дан эгиндери	dan eginderi
cereais (m pl)	дан эгиндери	dan eginderi
colher (vt)	чаап алуу	tʃaap aluu
moleiro (m)	тегирменчи	tegirmentʃi
moinho (m)	тегирмен	tegirmen
moer (vt)	майдалоо	majdaloo
farinha (f)	ун	un
palha (f)	саман	saman

103. Construção. Processo de construção

canteiro (m) de obras	курулуш	kuruluʃ
construir (vt)	куруу	kuruu
construtor (m)	куруучу	kuruutʃu
projeto (m)	долбоор	dolboor
arquiteto (m)	архитектор	arχitektor
operário (m)	жумушчу	dʒumuʃtʃu
fundação (f)	пайдубал	pajdubal
telhado (m)	чатыр	tʃatır
estaca (f)	казык	kazık
parede (f)	дубал	dubal
varões (m pl) para betão	арматура	armatura
andaime (m)	куруучу тепкичтер	kuruutʃu tepkitʃter
betão (m)	бетон	beton
granito (m)	гранит	granit
pedra (f)	таш	taʃ
tijolo (m)	кыш	kıʃ
areia (f)	кум	kum
cimento (m)	цемент	tsement
emboço (m)	шыбак	ʃıbak
emboçar (vt)	шыбоо	ʃıboo
tinta (f)	сыр	sır
pintar (vt)	боео	boeo
barril (m)	бочка	botʃka
grua (f), guindaste (m)	кран	kran
erguer (vt)	көтөрүү	køtøryy
baixar (vt)	түшүрүү	tyʃyryy
buldózer (m)	бульдозер	bulʲdozer
escavadora (f)	экскаватор	ekskavator

caçamba (f)	ковш	ko∫
escavar (vt)	казуу	kazuu
capacete (m) de proteção	каска	kaska

Profissões e ocupações

104. Procura de emprego. Demissão

trabalho (m)	иш	iʃ
equipa (f)	жамаат	dʒamaat
pessoal (m)	жамаат курамы	dʒamaat kuramı
carreira (f)	мансап	mansap
perspetivas (f pl)	перспектива	perspektiva
mestria (f)	чеберчилик	tʃebertʃilik
seleção (f)	тандоо	tandoo
agência (f) de emprego	кадрдык агенттиги	kadrdık agenttigi
CV, currículo (m)	таржымал	tardʒımal
entrevista (f) de emprego	аңгемелешүү	aŋgemeleʃyy
vaga (f)	жумуш орун	dʒumuʃ orun
salário (m)	эмгек акы	emgek akı
salário (m) fixo	маяна	majana
pagamento (m)	акысын төлөө	akısın tøløø
posto (m)	кызмат орун	kızmat orun
dever (do empregado)	милдет	mildet
gama (f) de deveres	милдеттенмелер	mildettenmeler
ocupado	бош эмес	boʃ emes
despedir, demitir (vt)	бошотуу	boʃotuu
demissão (f)	бошотуу	boʃotuu
desemprego (m)	жумушсуздук	dʒumuʃsuzduk
desempregado (m)	жумушсуз	dʒumuʃsuz
reforma (f)	баваракы	baarakı
reformar-se	ардактуу эс алууга чыгуу	ardaktuu es aluuga tʃıguu

105. Gente de negócios

diretor (m)	директор	direktor
gerente (m)	башкаруучу	baʃkaruutʃu
patrão, chefe (m)	башкаруучу	baʃkaruutʃu
superior (m)	башчы	baʃtʃı
superiores (m pl)	башчылар	baʃtʃılar
presidente (m)	президент	prezident
presidente (m) de direção	төрага	tøraga
substituto (m)	орун басар	orun basar
assistente (m)	жардамчы	dʒardamtʃı

secretário (m)	катчы	kattʃı
secretário (m) pessoal	жеке катчы	dʒeke kattʃı
homem (m) de negócios	бизнесмен	biznesmen
empresário (m)	ишкер	iʃker
fundador (m)	негиздөөчү	negizdøøtʃy
fundar (vt)	негиздөө	negizdøø
fundador, sócio (m)	уюмдаштыруучу	ujɯmdaʃtıruutʃu
parceiro, sócio (m)	өнөктөш	ønøktøʃ
acionista (m)	акция кармоочу	aktsija karmootʃu
milionário (m)	миллионер	millioner
bilionário (m)	миллиардер	milliarder
proprietário (m)	ээси	eesi
proprietário (m) de terras	жер ээси	dʒer eesi
cliente (m)	кардар	kardar
cliente (m) habitual	туруктуу кардар	turuktuu kardar
comprador (m)	сатып алуучу	satıp aluutʃu
visitante (m)	келүүчү	kelyytʃy
profissional (m)	кесипкөй	kesipkøj
perito (m)	ишбилги	iʃbilgi
especialista (m)	адис	adis
banqueiro (m)	банкир	bankir
corretor (m)	далдалчы	daldaltʃı
caixa (m, f)	кассир	kassir
contabilista (m)	бухгалтер	buχgalter
guarda (m)	кароолчу	karooltʃu
investidor (m)	салым кошуучу	salım koʃuutʃu
devedor (m)	карыздар	karızdar
credor (m)	насыя алуучу	nasıja aluutʃu
mutuário (m)	карызга алуучу	karızga aluutʃu
importador (m)	импорттоочу	importtootʃu
exportador (m)	экспорттоочу	eksporttootʃu
produtor (m)	өндүрүүчү	øndyryytʃy
distribuidor (m)	дистрибьютор	distribjɯtor
intermediário (m)	ортомчу	ortomtʃu
consultor (m)	кеңешчи	keŋeʃtʃi
representante (m)	сатуу агенти	satuu agenti
agente (m)	агент	agent
agente (m) de seguros	камсыздандыруучу агент	kamsızdandıruutʃu agent

106. Profissões de serviços

cozinheiro (m)	ашпозчу	aʃpoztʃu
cozinheiro chefe (m)	башкы ашпозчу	baʃkı aʃpoztʃu

padeiro (m)	навайчы	navajʧı
barman (m)	бармен	barmen
empregado (m) de mesa	официант	ofitsiant
empregada (f) de mesa	официант кыз	ofitsiant kız

advogado (m)	жактоочу	ʤaktooʧu
jurista (m)	юрист	jurist
notário (m)	нотариус	notarius

eletricista (m)	электрик	elektrik
canalizador (m)	сантехник	santeχnik
carpinteiro (m)	жыгач уста	ʤıgaʧ usta

massagista (m)	укалоочу	ukalooʧu
massagista (f)	укалоочу	ukalooʧu
médico (m)	доктур	doktur

taxista (m)	такси айдоочу	taksi ajdooʧu
condutor (automobilista)	айдоочу	ajdooʧu
entregador (m)	жеткирүүчү	ʤetkiryyʧy

camareira (f)	үй кызматкери	yj kızmatkeri
guarda (m)	кароолчу	karoolʧu
hospedeira (f) de bordo	стюардесса	stuardessa

professor (m)	мугалим	mugalim
bibliotecário (m)	китепканачы	kitepkanaʧı
tradutor (m)	котормочу	kotormoʧu
intérprete (m)	оозеки котормочу	oozeki kotormoʧu
guia (pessoa)	гид	gid

cabeleireiro (m)	чач тарач	ʧaʧ taraʧ
carteiro (m)	кат ташуучу	kat taʃuuʧu
vendedor (m)	сатуучу	satuuʧu

jardineiro (m)	багбанчы	bagbanʧı
criado (m)	үй кызматчы	yj kızmatʧı
criada (f)	үй кызматчы аял	yj kızmatʧı ajal
empregada (f) de limpeza	тазалагыч	tazalagıʧ

107. Profissões militares e postos

soldado (m) raso	катардагы жоокер	katardagı ʤooker
sargento (m)	сержант	serʤant
tenente (m)	лейтенант	lejtenant
capitão (m)	капитан	kapitan

major	майор	major
coronel (m)	полковник	polkovnik
general (m)	генерал	general
marechal (m)	маршал	marʃal
almirante (m)	адмирал	admiral
militar (m)	аскер кызматчысы	asker kızmatʧısı
soldado (m)	аскер	asker

oficial (m)	офицер	ofitser
comandante (m)	командир	komandir

guarda (m) fronteiriço	чек арачы	tʃek aratʃı
operador (m) de rádio	радист	radist
explorador (m)	чалгынчы	tʃalgıntʃı
sapador (m)	сапёр	sapʲor
atirador (m)	аткыч	atkıtʃ
navegador (m)	штурман	ʃturman

108. Oficiais. Padres

rei (m)	король, падыша	korolʲ, padıʃa
rainha (f)	ханыша	χanıʃa
príncipe (m)	канзаада	kanzaada
princesa (f)	ханбийке	χanbijke
czar (m)	падыша	padıʃa
czarina (f)	ханыша	χanıʃa
presidente (m)	президент	prezident
ministro (m)	министр	ministr
primeiro-ministro (m)	премьер-министр	premjer-ministr
senador (m)	сенатор	senator
diplomata (m)	дипломат	diplomat
cônsul (m)	консул	konsul
embaixador (m)	элчи	eltʃi
conselheiro (m)	кеңешчи	keŋeʃtʃi
funcionário (m)	аткаминер	atkaminer
prefeito (m)	префект	prefekt
Presidente (m) da Câmara	мэр	mer
juiz (m)	сот	sot
procurador (m)	прокурор	prokuror
missionário (m)	миссионер	missioner
monge (m)	кечил	ketʃil
abade (m)	аббат	abbat
rabino (m)	раввин	ravvin
vizir (m)	визирь	vizirʲ
xá (m)	шах	ʃaχ
xeque (m)	шейх	ʃejχ

109. Profissões agrícolas

apicultor (m)	балчы	baltʃı
pastor (m)	чабан	tʃaban
agrónomo (m)	агроном	agronom

| criador (m) de gado | малчы | maltʃı |
| veterinário (m) | мал доктуру | mal dokturu |

agricultor (m)	фермер	fermer
vinicultor (m)	вино жасоочу	vino dʒasootʃu
zoólogo (m)	зоолог	zoolog
cowboy (m)	ковбой	kovboj

110. Profissões artísticas

| ator (m) | актёр | aktʲor |
| atriz (f) | актриса | aktrisa |

| cantor (m) | ырчы | ırtʃı |
| cantora (f) | ырчы кыз | ırtʃı kız |

| bailarino (m) | бийчи жигит | bijtʃi dʒigit |
| bailarina (f) | бийчи кыз | bijtʃi kız |

| artista (m) | аткаруучу | atkaruutʃu |
| artista (f) | аткаруучу | atkaruutʃu |

músico (m)	музыкант	muzıkant
pianista (m)	пианист	pianist
guitarrista (m)	гитарист	gitarist

maestro (m)	дирижёр	diridʒʲor
compositor (m)	композитор	kompozitor
empresário (m)	импресарио	impresario

realizador (m)	режиссёр	redʒissʲor
produtor (m)	продюсер	produser
argumentista (m)	сценарист	stsenarist
crítico (m)	сынчы	sıntʃı

escritor (m)	жазуучу	dʒazuutʃu
poeta (m)	акын	akın
escultor (m)	бедизчи	bediztʃi
pintor (m)	сүрөтчү	syrøttʃy

malabarista (m)	жонглёр	dʒonglʲor
palhaço (m)	маскарапоз	maskarapoz
acrobata (m)	акробат	akrobat
mágico (m)	көз боечу	køz boetʃu

111. Várias profissões

médico (m)	доктур	doktur
enfermeira (f)	медсестра	medsestra
psiquiatra (m)	психиатр	psiχiatr
estomatologista (m)	тиш доктур	tiʃ doktur
cirurgião (m)	хирург	χirurg

astronauta (m)	астронавт	astronavt
astrónomo (m)	астроном	astronom
piloto (m)	учкуч	utʃkutʃ
motorista (m)	айдоочу	ajdootʃu
maquinista (m)	машинист	maʃinist
mecânico (m)	механик	meχanik
mineiro (m)	кенчи	kentʃi
operário (m)	жумушчу	dʒumuʃtʃu
serralheiro (m)	слесарь	slesarʲ
marceneiro (m)	жыгач уста	dʒɩgatʃ usta
torneiro (m)	токарь	tokarʲ
construtor (m)	куруучу	kuruutʃu
soldador (m)	ширеткич	ʃiretkitʃ
professor (m) catedrático	профессор	professor
arquiteto (m)	архитектор	arχitektor
historiador (m)	тарыхчы	tarıχtʃı
cientista (m)	илимпоз	ilimpoz
físico (m)	физик	fizik
químico (m)	химик	χimik
arqueólogo (m)	археолог	arχeolog
geólogo (m)	геолог	geolog
pesquisador (cientista)	изилдеечу	izildøøtʃy
babysitter (f)	бала баккыч	bala bakkıtʃ
professor (m)	мугалим	mugalim
redator (m)	редактор	redaktor
redator-chefe (m)	башкы редактор	baʃkı redaktor
correspondente (m)	кабарчы	kabartʃı
datilógrafa (f)	машинистка	maʃinistka
designer (m)	дизайнер	dizajner
especialista (m) em informática	компьютер адиси	kompjuter adisi
programador (m)	программист	programmist
engenheiro (m)	инженер	indʒener
marujo (m)	деңизчи	deŋiztʃi
marinheiro (m)	матрос	matros
salvador (m)	куткаруучу	kutkaruutʃu
bombeiro (m)	өрт өчүргүч	ørt øtʃyrgytʃ
polícia (m)	полиция кызматкери	politsija kızmatkeri
guarda-noturno (m)	кароолчу	karooltʃu
detetive (m)	аңдуучу	aŋduutʃu
funcionário (m) da alfândega	бажы кызматкери	badʒı kızmatkeri
guarda-costas (m)	жан сакчы	dʒan saktʃı
guarda (m) prisional	күзөтчү	kyzøttʃy
inspetor (m)	инспектор	inspektor
desportista (m)	спортчу	sporttʃu
treinador (m)	машыктыруучу	maʃıktıruutʃu

talhante (m)	касапчы	kasaptʃı
sapateiro (m)	өтүкчү	øtyktʃy
comerciante (m)	жеке соодагер	dʒeke soodager
carregador (m)	жүк ташуучу	dʒyk taʃuutʃu

| estilista (m) | модельер | modeljer |
| modelo (f) | модель | modelʲ |

112. Ocupações. Estatuto social

| aluno, escolar (m) | окуучу | okuutʃu |
| estudante (~ universitária) | студент | student |

filósofo (m)	философ	filosof
economista (m)	экономист	ekonomist
inventor (m)	ойлоп табуучу	ojlop tabuutʃu

desempregado (m)	жумушсуз	dʒumuʃsuz
reformado (m)	бааргер	baarger
espião (m)	тыңчы	tıŋtʃı

preso (m)	камактагы адам	kamaktagı adam
grevista (m)	иш калтыргыч	iʃ kaltırgıtʃ
burocrata (m)	бюрократ	burokrat
viajante (m)	саякатчы	sajakattʃı

homossexual (m)	гомосексуалист	gomoseksualist
hacker (m)	хакер	χaker
hippie	хиппи	χippi

bandido (m)	ууру-кески	uuru-keski
assassino (m) a soldo	жалданма киши өлтүргүч	dʒaldanma kiʃi øltyrgytʃ
toxicodependente (m)	баңги	baŋgi
traficante (m)	баңгизат сатуучу	baŋgizat satuutʃu
prostituta (f)	сойку	sojku
chulo (m)	жан бакты	dʒan baktı

bruxo (m)	жадыгөй	dʒadıgøj
bruxa (f)	жадыгөй	dʒadıgøj
pirata (m)	деңиз каракчысы	deŋiz karaktʃısı
escravo (m)	кул	kul
samurai (m)	самурай	samuraj
selvagem (m)	жапайы	dʒapajı

Desportos

113. Tipos de desportos. Desportistas

desportista (m)	спортчу	sporttʃu
tipo (m) de desporto	спорттун түрү	sporttun tyry
basquetebol (m)	баскетбол	basketbol
jogador (m) de basquetebol	баскетбол ойноочу	basketbol ojnootʃu
beisebol (m)	бейсбол	bejsbol
jogador (m) de beisebol	бейсбол ойноочу	bejsbol ojnootʃu
futebol (m)	футбол	futbol
futebolista (m)	футбол ойноочу	futbol ojnootʃu
guarda-redes (m)	дарбазачы	darbazatʃı
hóquei (m)	хоккей	χokkej
jogador (m) de hóquei	хоккей ойноочу	χokkej ojnootʃu
voleibol (m)	волейбол	volejbol
jogador (m) de voleibol	волейбол ойноочу	volejbol ojnootʃu
boxe (m)	бокс	boks
boxeador, pugilista (m)	бокс мушташуучу	boks muʃtaʃuutʃu
luta (f)	күрөш	kyrøʃ
lutador (m)	күрөшчү	kyrøʃtʃy
karaté (m)	карате	karate
karateca (m)	карате мушташуучу	karate muʃtaʃuutʃu
judo (m)	дзюдо	dzʉdo
judoca (m)	дзюдо чалуучу	dzʉdo tʃaluutʃu
ténis (m)	теннис	tennis
tenista (m)	теннис ойноочу	tennis ojnootʃu
natação (f)	сүзүү	syzyy
nadador (m)	сүзүүчү	syzyytʃy
esgrima (f)	кылычташуу	kılıtʃtaʃuu
esgrimista (m)	кылычташуучу	kılıtʃtaʃuutʃu
xadrez (m)	шахмат	ʃaχmat
xadrezista (m)	шахмат ойноочу	ʃaχmat ojnootʃu
alpinismo (m)	альпинизм	alʲpinizm
alpinista (m)	альпинист	alʲpinist
corrida (f)	чуркоо	tʃurkoo

corredor (m)	жөө күлүк	dʒøø kylyk
atletismo (m)	жеңил атлетика	dʒeŋil atletika
atleta (m)	атлет	atlet
hipismo (m)	ат спорту	at sportu
cavaleiro (m)	чабандес	tʃabandes
patinagem (f) artística	муз бийи	muz biji
patinador (m)	муз бийчи	muz bijtʃi
patinadora (f)	муз бийчи	muz bijtʃi
halterofilismo (m)	оор атлетика	oor atletika
halterofilista (m)	оор атлет	oor atlet
corrida (f) de carros	авто жарыш	avto dʒarıʃ
piloto (m)	гонщик	gonʃtʃik
ciclismo (m)	велоспорт	velosport
ciclista (m)	велосипед тебүүчү	velosiped tebyytʃy
salto (m) em comprimento	узундукка секирүү	uzundukka sekiryy
salto (m) à vara	шырык менен секирүү	ʃırık menen sekiryy
atleta (m) de saltos	секирүүчү	sekiryytʃy

114. Tipos de desportos. Diversos

futebol (m) americano	американский футбол	amerikanskij futbol
badminton (m)	бадминтон	badminton
biatlo (m)	биатлон	biatlon
bilhar (m)	бильярд	biljard
bobsled (m)	бобслей	bobslej
musculação (f)	бодибилдинг	bodibilding
polo (m) aquático	суу полосу	suu polosu
andebol (m)	гандбол	gandbol
golfe (m)	гольф	golʲf
remo (m)	калакты уруу	kalaktı uruu
mergulho (m)	сууга чөмүүчү	suuga tʃømyytʃy
corrida (f) de esqui	чаңгы жарышы	tʃaŋgı dʒarıʃı
ténis (m) de mesa	стол тенниси	stol tennisi
vela (f)	парус астында сызуу	parus astında sızuu
rali (m)	ралли	ralli
râguebi (m)	регби	regbi
snowboard (m)	сноуборд	snoubord
tiro (m) com arco	жаа атуу	dʒaa atuu

115. Ginásio

barra (f)	штанга	ʃtanga
halteres (m pl)	гантелдер	gantelder

aparelho (m) de musculaçao	машыгуу машине	maʃiguu maʃine
bicicleta (f) ergométrica	велотренажёр	velotrenadʒior
passadeira (f) de corrida	тегеретме	tegeretme

barra (f) fixa	көпүрө жыгач	køpyrø dʒɪgaʧ
barras (f) paralelas	брусдар	brusdar
cavalo (m)	ат	at
tapete (m) de ginástica	мат	mat

corda (f) de saltar	секиргич	sekirgiʧ
aeróbica (f)	аэробика	aerobika
ioga (f)	йога	joga

116. Desportos. Diversos

Jogos (m pl) Olímpicos	Олимпиада Оюндары	olimpiada ojɵndarɪ
vencedor (m)	жеңүүчү	dʒeŋyyʧy
vencer (vi)	жеңүү	dʒeŋyy
vencer, ganhar (vi)	утуу	utuu

líder (m)	топ башы	top baʃɪ
liderar (vt)	топ башында болуу	top baʃɪnda boluu

primeiro lugar (m)	биринчи орун	birinʧi orun
segundo lugar (m)	экинчи орун	ekinʧi orun
terceiro lugar (m)	үчүнчү орун	yʧynʧy orun

medalha (f)	медаль	medali
troféu (m)	трофей	trofej
taça (f)	кубок	kubok
prémio (m)	байге	bajge
prémio (m) principal	баш байге	baʃ bajge

recorde (m)	рекорд	rekord
estabelecer um recorde	рекорд коюу	rekord kojɵu

final (m)	финал	final
final	финалдык	finaldɪk

campeão (m)	чемпион	ʧempion
campeonato (m)	чемпионат	ʧempionat

estádio (m)	стадион	stadion
bancadas (f pl)	трибуна	tribuna
fã, adepto (m)	күйөрман	kyjørman
adversário (m)	каршылаш	karʃɪlaʃ

partida (f)	старт	start
chegada, meta (f)	маара	maara

derrota (f)	утулуу	utuluu
perder (vt)	жеңилүү	dʒeŋilyy
árbitro (m)	судья	sudja
júri (m)	калыстар	kalɪstar

resultado (m)	эсеп	esep
empate (m)	теңме-тең	teŋme-teŋ
empatar (vi)	теңме-тең бүтүрүү	teŋme-teŋ bytyryy
ponto (m)	упай	upaj
resultado (m) final	натыйжа	natıjdʒa
tempo, período (m)	убак	ubak
intervalo (m)	тыныгуу	tınıguu
doping (m)	допинг	doping
penalizar (vt)	жазалоо	dʒazaloo
desqualificar (vt)	дисквалификциялоо	diskvalifitsijaloo
aparelho (m)	снаряд	snarʲad
dardo (m)	найза	najza
peso (m)	ядро	jadro
bola (f)	бильярд шары	biljard ʃarı
alvo, objetivo (m)	бута	buta
alvo (~ de papel)	бута	buta
atirar, disparar (vi)	атуу	atuu
preciso (tiro ~)	таамай	taamaj
treinador (m)	машыктыруучу	maʃıktıruutʃu
treinar (vt)	машыктыруу	maʃıktıruu
treinar-se (vr)	машыгуу	maʃıguu
treino (m)	машыгуу	maʃıguu
ginásio (m)	спортзал	sportzal
exercício (m)	көнүгүү	kønygyy
aquecimento (m)	дене керүү	dene keryy

Educação

117. Escola

escola (f)	мектеп	mektep
diretor (m) de escola	мектеп директору	mektep direktoru
aluno (m)	окуучу бала	okuutʃu bala
aluna (f)	окуучу кыз	okuutʃu kız
escolar (m)	окуучу	okuutʃu
escolar (f)	окуучу кыз	okuutʃu kız
ensinar (vt)	окутуу	okutuu
aprender (vt)	окуу	okuu
aprender de cor	жаттоо	dʒattoo
estudar (vi)	үйрөнүү	yjrønyy
andar na escola	мектепке баруу	mektepke baruu
ir à escola	окууга баруу	okuuga baruu
alfabeto (m)	алфавит	alfavit
disciplina (f)	сабак	sabak
sala (f) de aula	класс	klass
lição (f)	сабак	sabak
recreio (m)	танапис	tanapis
toque (m)	коңгуроо	konguroo
carteira (f)	парта	parta
quadro (m) negro	такта	takta
nota (f)	баа	baa
boa nota (f)	жакшы баа	dʒakʃı baa
nota (f) baixa	жаман баа	dʒaman baa
dar uma nota	баа коюу	baa kojuu
erro (m)	ката	kata
fazer erros	ката кетирүү	kata ketiryy
corrigir (vt)	түзөтүү	tyzøtyy
cábula (f)	шпаргалка	ʃpargalka
dever (m) de casa	үй иши	yj iʃi
exercício (m)	көнүгүү	kønygyy
estar presente	катышуу	katıʃuu
estar ausente	келбей калуу	kelbej kaluu
faltar às aulas	сабактарды калтыруу	sabaktardı kaltıruu
punir (vt)	жазалоо	dʒazaloo
punição (f)	жаза	dʒaza
comportamento (m)	жүрүм-турум	dʒyrym-turum

boletim (m) escolar	күндөлүк	kyndølyk
lápis (m)	карандаш	karandaʃ
borracha (f)	өчүргүч	øtʃyrgytʃ
giz (m)	бор	bor
estojo (m)	калем салгыч	kalem salgıtʃ

pasta (f) escolar	портфель	portfelʲ
caneta (f)	калем сап	kalem sap
caderno (m)	дептер	depter
manual (m) escolar	китеп	kitep
compasso (m)	циркуль	tsırkulʲ

| traçar (vt) | чийүү | tʃijyy |
| desenho (m) técnico | чийме | tʃijme |

poesia (f)	ыр сап	ır sap
de cor	жатка	dʒatka
aprender de cor	жаттоо	dʒattoo

férias (f pl)	эс алуу	es aluu
estar de férias	эс алууда болуу	es aluuda boluu
passar as férias	эс алууну өткөзүү	es aluunu øtkøzyy

teste (m)	текшерүү иш	tekʃeryy iʃ
composição, redação (f)	дил баян	dil bajan
ditado (m)	жат жаздыруу	dʒat dʒazdıruu
exame (m)	экзамен	ekzamen
fazer exame	экзамен тапшыруу	ekzamen tapʃıruu
experiência (~ química)	тажрыйба	tadʒrıjba

118. Colégio. Universidade

academia (f)	академия	akademija
universidade (f)	университет	universitet
faculdade (f)	факультет	fakulʲtet

estudante (m)	студент бала	student bala
estudante (f)	студент кыз	student kız
professor (m)	мугалим	mugalim

| sala (f) de palestras | дарскана | darskana |
| graduado (m) | окуу жайды бүтүрүүчү | okuu dʒajdı bytyryytʃy |

| diploma (m) | диплом | diplom |
| tese (f) | диссертация | dissertatsija |

| estudo (obra) | изилдөө | izildøø |
| laboratório (m) | лаборатория | laboratorija |

| palestra (f) | лекция | lektsija |
| colega (m) de curso | курсташ | kurstaʃ |

| bolsa (f) de estudos | стипендия | stipendija |
| grau (m) académico | илимий даража | ilimij daradʒa |

119. Ciências. Disciplinas

matemática (f)	математика	matematika
álgebra (f)	алгебра	algebra
geometria (f)	геометрия	geometrija
astronomia (f)	астрономия	astronomija
biologia (f)	биология	biologija
geografia (f)	география	geografija
geologia (f)	геология	geologija
história (f)	тарых	tarıχ
medicina (f)	медицина	meditsina
pedagogia (f)	педагогика	pedagogika
direito (m)	укук	ukuk
física (f)	физика	fizika
química (f)	химия	χimija
filosofia (f)	философия	filosofija
psicologia (f)	психология	psiχologija

120. Sistema de escrita. Ortografia

gramática (f)	грамматика	grammatika
vocabulário (m)	лексика	leksika
fonética (f)	фонетика	fonetika
substantivo (m)	зат атооч	zat atootʃ
adjetivo (m)	сын атооч	sın atootʃ
verbo (m)	этиш	etiʃ
advérbio (m)	тактооч	taktootʃ
pronome (m)	ат атооч	at atootʃ
interjeição (f)	сырдык сөз	sırdık søz
preposição (f)	препозиция	prepozitsija
raiz (f) da palavra	сөздүн уңгусу	søzdyn uŋgusu
terminação (f)	жалгоо	dʒalgoo
prefixo (m)	префикс	prefiks
sílaba (f)	муун	muun
sufixo (m)	суффикс	suffiks
acento (m)	басым	basım
apóstrofo (m)	апостроф	apostrof
ponto (m)	чекит	tʃekit
vírgula (f)	үтүр	ytyr
ponto e vírgula (m)	чекитүү үтүр	tʃekityy ytyr
dois pontos (m pl)	кош чекит	koʃ tʃekit
reticências (f pl)	көп чекит	køp tʃekit
ponto (m) de interrogação	суроо белгиси	suroo belgisi
ponto (m) de exclamação	илеп белгиси	ilep belgisi

aspas (f pl)	тырмакча	tırmaktʃa
entre aspas	тырмакчага алынган	tırmaktʃaga alıngan
parênteses (m pl)	кашаа	kaʃaa
entre parênteses	кашаага алынган	kaʃaaga alıngan

hífen (m)	дефис	defis
travessão (m)	тире	tire
espaço (m)	аралык	aralık

| letra (f) | тамга | tamga |
| letra (f) maiúscula | баш тамга | baʃ tamga |

| vogal (f) | үндүү тыбыш | yndyy tıbıʃ |
| consoante (f) | үнсүз тыбыш | ynsyz tıbıʃ |

frase (f)	сүйлөм	syjløm
sujeito (m)	сүйлөмдүн ээси	syjlømdyn eesi
predicado (m)	баяндооч	bajandootʃ

linha (f)	сап	sap
em uma nova linha	жаңы сап	dʒaŋı sap
parágrafo (m)	абзац	abzats

palavra (f)	сөз	søz
grupo (m) de palavras	сөз айкашы	søz ajkaʃı
expressão (f)	туюнтма	tujuntma
sinónimo (m)	синоним	sinonim
antónimo (m)	антоним	antonim

regra (f)	эреже	eredʒe
exceção (f)	чектен чыгаруу	tʃekten tʃıgaruu
correto	туура	tuura

conjugação (f)	жактоо	dʒaktoo
declinação (f)	жөндөлүш	dʒøndølyʃ
caso (m)	жөндөмө	dʒøndømø
pergunta (f)	суроо	suroo
sublinhar (vt)	баса белгилөө	basa belgiløø
linha (f) pontilhada	пунктир	punktir

121. Línguas estrangeiras

língua (f)	тил	til
estrangeiro	чет	tʃet
língua (f) estrangeira	чет тил	tʃet til
estudar (vt)	окуу	okuu
aprender (vt)	үйрөнүү	yjrønyy

ler (vt)	окуу	okuu
falar (vi)	сүйлөө	syjløø
compreender (vt)	түшүнүү	tyʃynyy
escrever (vt)	жазуу	dʒazuu
rapidamente	тез	tez
devagar	жай	dʒaj

fluentemente	эркин	erkin
regras (f pl)	эрежелер	eredʒeler
gramática (f)	грамматика	grammatika
vocabulário (m)	лексика	leksika
fonética (f)	фонетика	fonetika

manual (m) escolar	китеп	kitep
dicionário (m)	сөздүк	søzdyk
manual (m) de autoaprendizagem	өзү үйрөткүч	øzy yjrøtkytʃ
guia (m) de conversação	тилачар	tilatʃar

cassete (f)	кассета	kasseta
vídeo cassete (m)	видеокассета	videokasseta
CD (m)	CD, компакт-диск	sidi, kompakt-disk
DVD (m)	DVD-диск	dividi-disk

alfabeto (m)	алфавит	alfavit
soletrar (vt)	эжелеп айтуу	edʒelep ajtuu
pronúncia (f)	айтылышы	ajtılıʃı

sotaque (m)	акцент	aktsent
com sotaque	акцент менен	aktsent menen
sem sotaque	акцентсиз	aktsentsiz

palavra (f)	сөз	søz
sentido (m)	маани	maani

cursos (m pl)	курстар	kurstar
inscrever-se (vr)	курска жазылуу	kurska dʒazıluu
professor (m)	окутуучу	okutuutʃu

tradução (processo)	которуу	kotoruu
tradução (texto)	котормо	kotormo
tradutor (m)	котормочу	kotormotʃu
intérprete (m)	оозеки котормочу	oozeki kotormotʃu

poliglota (m)	полиглот	poliglot
memória (f)	эс тутум	es tutum

122. Personagens de contos de fadas

Pai (m) Natal	Санта Клаус	santa klaus
Cinderela (f)	Күлала кыз	kylala kız
sereia (f)	суу периси	suu perisi
Neptuno (m)	Нептун	neptun

mago (m)	сыйкырчы	sıjkırtʃı
fada (f)	сыйкырчы	sıjkırtʃı
mágico	сыйкырдуу	sıjkırduu
varinha (f) mágica	сыйкырлуу таякча	sıjkırluu tajaktʃa

conto (m) de fadas	жомок	dʒomok
milagre (m)	керемет	keremet

| anão (m) | эргежээл | ergeʤeel |
| transformar-se em … | …га айлануу | …ga ajlanuu |

fantasma (m)	көрүнчү	køryntʃy
espetro (m)	арбак	arbak
monstro (m)	желмогуз	ʤelmoguz
dragão (m)	ажыдаар	aʤıdaar
gigante (m)	дөө	døø

123. Signos do Zodíaco

Carneiro	Кой	koj
Touro	Букачар	bukatʃar
Gémeos	Эгиздер	egizder
Caranguejo	Рак	rak
Leão	Арстан	arstan
Virgem (f)	Суу пери	suu peri

Balança	Тараза	taraza
Escorpião	Чаян	tʃajan
Sagitário	Жаачы	ʤaatʃı
Capricórnio	Текечер	teketʃer
Aquário	Суу куяр	suu kujar
Peixes	Балыктар	balıktar

caráter (m)	мүнөз	mynøz
traços (m pl) do caráter	мүнөздүн түрү	mynøzdyn tyry
comportamento (m)	жүрүм-турум	ʤyrym-turum
predizer (vt)	төлгө ачуу	tølgø atʃuu
adivinha (f)	көз ачык	køz atʃık
horóscopo (m)	жылдыз төлгө	ʤıldız tølgø

Artes

124. Teatro

teatro (m)	театр	teatr
ópera (f)	опера	opera
opereta (f)	оперетта	operetta
balé (m)	балет	balet
cartaz (m)	афиша	afiʃa
companhia (f) teatral	труппа	truppa
turné (digressão)	гастрольго чыгуу	gastrolˈgo tʃɪguu
estar em turné	гастрольдо жүрүү	gastrolˈdo dʒyryy
ensaiar (vt)	репетиция кылуу	repetitsija kıluu
ensaio (m)	репетиция	repetitsija
repertório (m)	репертуар	repertuar
apresentação (f)	керсетүү	kørsøtyy
espetáculo (m)	спектакль	spektaklˈ
peça (f)	пьеса	pjesa
bilhete (m)	билет	bilet
bilheteira (f)	билет кассасы	bilet kassası
hall (m)	холл	χoll
guarda-roupa (m)	гардероб	garderob
senha (f) numerada	номерок	nomerok
binóculo (m)	дүрбү	dyrby
lanterninha (m)	текшерүүчү	tekʃeryytʃy
plateia (f)	партер	parter
balcão (m)	балкон	balkon
primeiro balcão (m)	бельэтаж	beljetadʒ
camarote (m)	ложа	lodʒa
fila (f)	катар	katar
assento (m)	орун	orun
público (m)	эл	el
espetador (m)	керүүчү	køryytʃy
aplaudir (vt)	кол чабуу	kol tʃabuu
aplausos (m pl)	кол чабуулар	kol tʃabuular
ovação (f)	дүркүреген кол чабуулар	dyrkyrøgøn kol tʃabuular
palco (m)	сахна	saχna
pano (m) de boca	кешеге	køʃøgø
cenário (m)	декорация	dekoratsija
bastidores (m pl)	кешеге артында	køʃøgø artında
cena (f)	керсетме	kørsøtmø
ato (m)	окуя	okuja
entreato (m)	антракт	antrakt

125. Cinema

| ator (m) | актёр | akt^jor |
| atriz (f) | актриса | aktrisa |

cinema (m)	кино	kino
filme (m)	тасма	tasma
episódio (m)	серия	serija

filme (m) policial	детектив	detektiv
filme (m) de ação	салгылаш тасмасы	salgılaʃ tasması
filme (m) de aventuras	укмуштуу окуялуу тасма	ukmuʃtuu okujaluu tasma
filme (m) de ficção científica	билим-жалган аралаш тасмасы	bilim-dʒalgan aralaʃ tasması
filme (m) de terror	коркутуу тасмасы	korkutuu tasması

comédia (f)	күлкүлүү кино	kylkylyy kino
melodrama (m)	ый менен кайгы аралаш	ıy menen kajgı aralaʃ
drama (m)	драма	drama

filme (m) ficcional	көркөм тасма	kørkøm tasma
documentário (m)	документүү тасма	dokumentyy tasma
desenho (m) animado	мультфильм	mul^jtfil^jm
cinema (m) mudo	үнсүз кино	ynsyz kino

papel (m)	роль	rol^j
papel (m) principal	башкы роль	baʃkı rol^j
representar (vt)	ойноо	ojnoo

estrela (f) de cinema	кино жылдызы	kino dʒıldızı
conhecido	белгилүү	belgilyy
famoso	атактуу	ataktuu
popular	даңазалуу	daŋazaluu

argumento (m)	сценарий	stsenarij
argumentista (m)	сценарист	stsenarist
realizador (m)	режиссёр	redʒiss^jor
produtor (m)	продюсер	produser
assistente (m)	ассистент	assistent
diretor (m) de fotografia	оператор	operator
duplo (m)	айлагер	ajlager
duplo (m) de corpo	кейпин кийүүчү	kejpin kijyytʃy

filmar (vt)	тасма тартуу	tasma tartuu
audição (f)	сыноо	sınoo
filmagem (f)	тартуу	tartuu
equipe (f) de filmagem	тартуу группасы	tartuu gruppası
set (m) de filmagem	тартуу аянты	tartuu ajantı
câmara (f)	кинокамера	kinokamera

cinema (m)	кинотеатр	kinoteatr
ecrã (m), tela (f)	экран	ekran
exibir um filme	тасманы көрсөтүү	tasmanı kørsøtyy
pista (f) sonora	үн нугу	yn nugu
efeitos (m pl) especiais	атайын эффектер	atajın effekter

legendas (f pl)	субтитрлер	subtitrler
crédito (m)	титрлер	titrler
tradução (f)	которуу	kotoruu

126. Pintura

arte (f)	көркөм өнөр	kørkøm ønør
belas-artes (f pl)	көркөм чеберчилик	kørkøm tʃebertʃilik
galeria (f) de arte	арт-галерея	art-galereja
exposição (f) de arte	сүрөт көргөзмөсү	syrøt kørgøzmøsy

pintura (f)	живопись	dʒivopisʲ
arte (f) gráfica	графика	grafika
arte (f) abstrata	абстракционизм	abstraktsionizm
impressionismo (m)	импрессионизм	impressionizm

pintura (f), quadro (m)	сүрөт	syrøt
desenho (m)	сүрөт	syrøt
cartaz, póster (m)	көрнөк	kørnøk

ilustração (f)	иллюстрация	illustratsija
miniatura (f)	миниатюра	miniatura
cópia (f)	көчүрмө	køtʃyrmø
reprodução (f)	репродукция	reproduktsija

mosaico (m)	мозаика	mozaika
vitral (m)	витраж	vitradʒ
fresco (m)	фреска	freska
gravura (f)	гравюра	gravʉra

busto (m)	бюст	bʉst
escultura (f)	айкел	ajkel
estátua (f)	айкел	ajkel
gesso (m)	гипс	gips
em gesso	гипстен	gipsten

retrato (m)	портрет	portret
autorretrato (m)	автопортрет	avtoportret
paisagem (f)	теребел сүрөтү	terebel syrøty
natureza (f) morta	буюмдар сүрөтү	bujumdar syrøty
caricatura (f)	карикатура	karikatura
esboço (m)	сомо	somo

tinta (f)	боек	boek
aguarela (f)	акварель	akvarelʲ
óleo (m)	майбоёк	majbojok
lápis (m)	карандаш	karandaʃ
tinta da China (f)	тушь	tuʃ
carvão (m)	көмүр	kømyr

desenhar (vt)	тартуу	tartuu
pintar (vt)	боёк менен тартуу	bojok menen tartuu
posar (vi)	атайын туруу	atajın turuu
modelo (m)	атайын туруучу	atajın turuutʃu

modelo (f)	атайын туруучу	atajın turuutʃu
pintor (m)	сүрөтчү	syrøttʃy
obra (f)	чыгарма	tʃıgarma
obra-prima (f)	чеберчиликтин чокусу	tʃebertʃiliktin tʃokusu
estúdio (m)	устакана	ustakana
tela (f)	кендир	kendir
cavalete (m)	мольберт	molʲbert
paleta (f)	палитра	palitra
moldura (f)	алкак	alkak
restauração (f)	калыбына келтирүү	kalıbına keltiryy
restaurar (vt)	калыбына келтирүү	kalıbına keltiryy

127. Literatura & Poesia

literatura (f)	адабият	adabijat
autor (m)	автор	avtor
pseudónimo (m)	лакап ат	lakap at
livro (m)	китеп	kitep
volume (m)	том	tom
índice (m)	мазмун	mazmun
página (f)	бет	bet
protagonista (m)	башкы каарман	baʃkı kaarman
autógrafo (m)	кол тамга	kol tamga
conto (m)	окуя	okuja
novela (f)	аңгеме	aŋgeme
romance (m)	роман	roman
obra (f)	дил баян	dil bajan
fábula (m)	тамсил	tamsil
romance (m) policial	детектив	detektiv
poesia (obra)	ыр сап	ır sap
poesia (arte)	поэзия	poezija
poema (m)	поэма	poema
poeta (m)	акын	akın
ficção (f)	сулуулатып жазуу	suluulatıp dʒazuu
ficção (f) científica	билим-жалган аралаш	bilim-dʒalgan aralaʃ
aventuras (f pl)	укмуштуу окуялар	ukmuʃtuu okujalar
literatura (f) didática	билим берүү адабияты	bilim beryy adabijatı
literatura (f) infantil	балдар адабияты	baldar adabijatı

128. Circo

circo (m)	цирк	tsırk
circo (m) ambulante	цирк-шапито	tsırk-ʃapito
programa (m)	программа	programma
apresentação (f)	көрсөтүү	kørsøtyy
número (m)	номер	nomer

arena (f)	арена	arena
pantomima (f)	пантомима	pantomima
palhaço (m)	маскарапоз	maskarapoz
acrobata (m)	акробат	akrobat
acrobacia (f)	акробатика	akrobatika
ginasta (m)	гимнаст	gimnast
ginástica (f)	гимнастика	gimnastika
salto (m) mortal	тоңкочуктап атуу	toŋkotʃuktap atuu
homem forte (m)	атлет	atlet
domador (m)	ыкка көндүрүүчү	ıkka køndyryytʃy
cavaleiro (m) equilibrista	чабандес	tʃabandes
assistente (m)	жардамчы	dʒardamtʃı
truque (m)	ыкма	ıkma
truque (m) de mágica	көз боемо	køz boemo
mágico (m)	көз боемочу	køz boemotʃu
malabarista (m)	жонглёр	dʒonglʲor
fazer malabarismos	жонглёрлук кылуу	dʒonglʲorluk kıluu
domador (m)	үйрөтүүчү	yjrøtyytʃy
adestramento (m)	үйрөтүү	yjrøtyy
adestrar (vt)	үйрөтүү	yjrøtyy

129. Música. Música popular

música (f)	музыка	muzıka
músico (m)	музыкант	muzıkant
instrumento (m) musical	музыка аспабы	muzıka aspabı
tocar ...	...да ойноо	...da ojnoo
guitarra (f)	гитара	gitara
violino (m)	скрипка	skripka
violoncelo (m)	виолончель	violontʃelʲ
contrabaixo (m)	контрабас	kontrabas
harpa (f)	арфа	arfa
piano (m)	пианино	pianino
piano (m) de cauda	рояль	rojalʲ
órgão (m)	орган	organ
instrumentos (m pl) de sopro	үйлө аспаптары	yjlø aspaptarı
oboé (m)	гобой	goboj
saxofone (m)	саксофон	saksofon
clarinete (m)	кларнет	klarnet
flauta (f)	флейта	flejta
trompete (m)	сурнай	surnaj
acordeão (m)	аккордеон	akkordeon
tambor (m)	добулбас	dobulbas
duo, dueto (m)	дуэт	duet
trio (m)	трио	trio

quarteto (m)	**квартет**	kvartet
coro (m)	**хор**	χor
orquestra (f)	**оркестр**	orkestr
música (f) pop	**поп-музыка**	pop-muzıka
música (f) rock	**рок-музыка**	rok-muzıka
grupo (m) de rock	**рок-группа**	rok-gruppa
jazz (m)	**джаз**	dʒaz
ídolo (m)	**аздек**	azdek
fã, admirador (m)	**күйөрман**	kyjørman
concerto (m)	**концерт**	kontsert
sinfonia (f)	**симфония**	simfonija
composição (f)	**чыгарма**	tʃıgarma
compor (vt)	**чыгаруу**	tʃıgaruu
canto (m)	**ырдоо**	ırdoo
canção (f)	**ыр**	ır
melodia (f)	**обон**	obon
ritmo (m)	**ыргак**	ırgak
blues (m)	**блюз**	blʉz
notas (f pl)	**ноталар**	notalar
batuta (f)	**таякча**	tajaktʃa
arco (m)	**кылдуу таякча**	kılduu tajaktʃa
corda (f)	**кыл**	kıl
estojo (m)	**куту**	kutu

Descanso. Entretenimento. Viagens

130. Viagens

turismo (m)	туризм	turizm
turista (m)	турист	turist
viagem (f)	саякат	sajakat
aventura (f)	укмуштуу окуя	ukmuʃtuu okuja
viagem (f)	сапар	sapar
férias (f pl)	дем алыш	dem alıʃ
estar de férias	дем алышка чыгуу	dem alıʃka tʃıguu
descanso (m)	эс алуу	es aluu
comboio (m)	поезд	poezd
de comboio (chegar ~)	поезд менен	poezd menen
avião (m)	учак	utʃak
de avião	учакта	utʃakta
de carro	автомобилде	avtomobilde
de navio	кемеде	kemede
bagagem (f)	жүк	dʒyk
mala (f)	чемодан	tʃemodan
carrinho (m)	араба	araba
passaporte (m)	паспорт	pasport
visto (m)	виза	viza
bilhete (m)	билет	bilet
bilhete (m) de avião	авиабилет	aviabilet
guia (m) de viagem	жол көрсөткүч	dʒol kørsøtkytʃ
mapa (m)	карта	karta
local (m), area (f)	жай	dʒaj
lugar, sítio (m)	жер	dʒer
exotismo (m)	экзотика	ekzotika
exótico	экзотикалуу	ekzotikaluu
surpreendente	ажайып	adʒajıp
grupo (m)	топ	top
excursão (f)	экскурсия	ekskursija
guia (m)	экскурсия жетекчиси	ekskursija dʒetektʃisi

131. Hotel

hotel (m), pensão (f)	мейманкана	mejmankana
motel (m)	мотель	motelʲ
três estrelas	үч жылдыздуу	ytʃ dʒıldızduu

| cinco estrelas | беш жылдыздуу | beʃ dʒɪldɪzduu |
| ficar (~ num hotel) | токтоо | toktoo |

quarto (m)	номер	nomer
quarto (m) individual	бир орундуу	bir orunduu
quarto (m) duplo	эки орундуу	eki orunduu
reservar um quarto	номерди камдык буйрутмалоо	nomerdi kamdık bujrutmaloo

| meia pensão (f) | жарым пансион | dʒarım pansion |
| pensão (f) completa | толук пансион | toluk pansion |

com banheira	ваннасы менен	vannası menen
com duche	душ менен	duʃ menen
televisão (m) satélite	спутник	sputnik
ar (m) condicionado	аба желдеткич	aba dʒeldetkiʧ
toalha (f)	сүлгү	sylgy
chave (f)	ачкыч	aʧkıʧ

administrador (m)	администратор	administrator
camareira (f)	үй кызматкери	yj kızmatkeri
bagageiro (m)	жүк ташуучу	dʒyk taʃuuʧu
porteiro (m)	эшик ачуучу	eʃik aʧuuʧu

restaurante (m)	ресторан	restoran
bar (m)	бар	bar
pequeno-almoço (m)	таңкы тамак	taŋkı tamak
jantar (m)	кечки тамак	keʧki tamak
buffet (m)	шведче стол	ʃvedʧe stol

| hall (m) de entrada | вестибюль | vestibulʲ |
| elevador (m) | лифт | lift |

| NÃO PERTURBE | ТЫНЧЫБЫЗДЫ АЛБАГЫЛА! | tınʧıbızdı albagıla! |
| PROIBIDO FUMAR! | ТАМЕКИ ЧЕГҮҮГӨ БОЛБОЙТ! | tameki ʧegyygø bolbojt! |

132. Livros. Leitura

livro (m)	китеп	kitep
autor (m)	автор	avtor
escritor (m)	жазуучу	dʒazuuʧu
escrever (vt)	жазуу	dʒazuu

leitor (m)	окурман	okurman
ler (vt)	окуу	okuu
leitura (f)	окуу	okuu

| para si | үн чыгарбай | yn ʧıgarbaj |
| em voz alta | үн чыгарып | yn ʧıgarıp |

| publicar (vt) | басып чыгаруу | basıp ʧıgaruu |
| publicação (f) | басып чыгаруу | basıp ʧıgaruu |

editor (m)	басып чыгаруучу	basıp tʃıgaruutʃu
editora (f)	басмакана	basmakana
sair (vi)	жарык көрүү	dʒarık køryy
lançamento (m)	чыгуу	tʃıguu
tiragem (f)	нуска	nuska
livraria (f)	китеп дүкөнү	kitep dykøny
biblioteca (f)	китепкана	kitepkana
novela (f)	аңгеме	aŋgeme
conto (m)	окуя	okuja
romance (m)	роман	roman
romance (m) policial	детектив	detektiv
memórias (f pl)	эсте калгандары	este kalgandarı
lenda (f)	уламыш	ulamıʃ
mito (m)	миф	mif
poesia (f)	ыр	ır
autobiografia (f)	автобиография	avtobiografija
obras (f pl) escolhidas	тандалма	tandalma
ficção (f) científica	билим-жалган аралаш	bilim-dʒalgan aralaʃ
título (m)	аталышы	atalıʃı
introdução (f)	кириш сөз	kiriʃ søz
folha (f) de rosto	наам барагы	naam baragı
capítulo (m)	бөлум	bølum
excerto (m)	үзүндү	yzyndy
episódio (m)	эпизод	epizod
tema (m)	сюжет	sʉdʒet
conteúdo (m)	мазмун	mazmun
índice (m)	мазмун	mazmun
protagonista (m)	башкы каарман	baʃkı kaarman
tomo, volume (m)	том	tom
capa (f)	мукаба	mukaba
encadernação (f)	мукабалоо	mukabaloo
marcador (m) de livro	чөп кат	tʃøp kat
página (f)	бет	bet
folhear (vt)	барактоо	baraktoo
margem (f)	талаа	talaa
anotação (f)	белги	belgi
nota (f) de rodapé	эскертүү	eskertyy
texto (m)	текст	tekst
fonte (f)	шрифт	ʃrift
gralha (f)	ката	kata
tradução (f)	котормо	kotormo
traduzir (vt)	которуу	kotoruu
original (m)	түпнуска	typnuska
famoso	атактуу	ataktuu
desconhecido	белгисиз	belgisiz

| interessante | кызыктуу | kızıktuu |
| best-seller (m) | талашып сатып алынган | talaʃıp satıp alıngan |

dicionário (m)	сөздүк	søzdyk
manual (m) escolar	китеп	kitep
enciclopédia (f)	энциклопедия	entsiklopedija

133. Caça. Pesca

caça (f)	аңчылык	aŋtʃılık
caçar (vi)	аңчылык кылуу	aŋtʃılık kıluu
caçador (m)	аңчы	aŋtʃı

atirar (vi)	атуу	atuu
caçadeira (f)	мылтык	mıltık
cartucho (m)	ок	ok
chumbo (m) de caça	чачма	tʃatʃma

armadilha (f)	капкан	kapkan
armadilha (com corda)	тузак	tuzak
cair na armadilha	капканга түшүү	kapkanga tyʃyy
pôr a armadilha	капкан коюу	kapkan kojuu

caçador (m) furtivo	браконьер	brakonjer
caça (f)	илбээсин	ilbeesin
cão (m) de caça	тайган	tajgan
safári (m)	сафари	safari
animal (m) empalhado	кеп	kep

pescador (m)	балыкчы	balıktʃı
pesca (f)	балык улоо	balık uloo
pescar (vt)	балык улоо	balık uloo

cana (f) de pesca	кайырмак	kajırmak
linha (f) de pesca	кайырмак жиби	kajırmak dʒibi
anzol (m)	илгич	ilgitʃ
boia (f)	калкыма	kalkıma
isca (f)	жем	dʒem

lançar a linha	кайырмак таштоо	kajırmak taʃtoo
morder (vt)	чокулоо	tʃokuloo
pesca (f)	кармалган балык	karmalgan balık
buraco (m) no gelo	муздагы оюк	muzdagı ojuk

rede (f)	тор	tor
barco (m)	кайык	kajık
pescar com rede	тор менен кармоо	tor menen karmoo
lançar a rede	тор таштоо	tor taʃtoo
puxar a rede	торду чыгаруу	tordu tʃıgaruu
cair nas malhas	торго түшүү	torgo tyʃyy

baleeiro (m)	кит уулоочу	kit uulootʃu
baleeira (f)	кит уулоочу кеме	kit uulootʃu keme
arpão (m)	гарпун	garpun

134. Jogos. Bilhar

bilhar (m)	бильярд	biljard
sala (f) de bilhar	бильярдкана	biljardkana
bola (f) de bilhar	бильярд шары	biljard ʃarı
embolsar uma bola	шарды киргизүү	ʃardı kirgizyy
taco (m)	кий	kij
caçapa (f)	луза	luza

135. Jogos. Jogar cartas

ouros (m pl)	момун	momun
espadas (f pl)	карга	karga
copas (f pl)	кызыл ача	kızıl atʃa
paus (m pl)	чырым	tʃırım
ás (m)	туз	tuz
rei (m)	король	korolʲ
dama (f)	матке	matke
valete (m)	балта	balta
carta (f) de jogar	оюн картасы	ojʉn kartası
cartas (f pl)	карталар	kartalar
trunfo (m)	көзүр	køzyr
baralho (m)	колода	koloda
ponto (m)	очко	otʃko
dar, distribuir (vt)	таратуу	taratuu
embaralhar (vt)	аралаштыруу	aralaʃtıruu
vez, jogada (f)	жүрүү	dʒyryy
batoteiro (m)	шумпай	ʃumpaj

136. Descanso. Jogos. Diversos

passear (vi)	сейилдөө	sejildøø
passeio (m)	жөө сейилдөө	dʒøø sejildøø
viagem (f) de carro	саякат	sajakat
aventura (f)	укмуштуу окуя	ukmuʃtuu okuja
piquenique (m)	пикник	piknik
jogo (m)	оюн	ojʉn
jogador (m)	оюнчу	ojʉntʃu
partida (f)	партия	partija
colecionador (m)	жыйнакчы	dʒıjnaktʃı
colecionar (vt)	жыйноо	dʒıjnoo
coleção (f)	жыйнак	dʒıjnak
palavras (f pl) cruzadas	кроссворд	krossvord
hipódromo (m)	ат майданы	at majdanı

discoteca (f)	дискотека	diskoteka
sauna (f)	сауна	sauna
lotaria (f)	лотерея	lotereja
campismo (m)	жөө сапар	dʒøø sapar
acampamento (m)	лагерь	lagerʲ
tenda (f)	чатыр	tʃatır
bússola (f)	компас	kompas
campista (m)	турист	turist
ver (vt), assistir à ...	көрүү	køryy
telespectador (m)	телекөрүүчү	telekøryytʃy
programa (m) de TV	теле көрсөтүү	tele kørsøtyy

137. Fotografia

máquina (f) fotográfica	фотоаппарат	fotoapparat
foto, fotografia (f)	фото	foto
fotógrafo (m)	сүрөтчү	syrøttʃy
estúdio (m) fotográfico	фотостудия	fotostudija
álbum (m) de fotografias	фотоальбом	fotoalʲbom
objetiva (f)	объектив	obʰjektiv
teleobjetiva (f)	телеобъектив	teleobʰjektiv
filtro (m)	фильтр	filʲtr
lente (f)	линза	linza
ótica (f)	оптика	optika
abertura (f)	диафрагма	diafragma
exposição (f)	тушугуу	tuʃuguu
visor (m)	көрүнүш табуучу	kørynyʃ tabuutʃu
câmara (f) digital	санарип камерасы	sanarip kamerası
tripé (m)	үч бут	ytʃ but
flash (m)	жарк этүү	dʒark etyy
fotografar (vt)	сүрөткө тартуу	syrøtkø tartuu
tirar fotos	тартуу	tartuu
fotografar-se	сүрөткө түшүү	syrøtkø tyʃyy
foco (m)	фокус	fokus
focar (vt)	фокусту оңдоо	fokustu oŋdoo
nítido	фокуста	fokusta
nitidez (f)	дааналык	daanalık
contraste (m)	контраст	kontrast
contrastante	контрасттагы	kontrasttagı
retrato (m)	сүрөт	syrøt
negativo (m)	негатив	negativ
filme (m)	фотоплёнка	fotoplʲonka
fotograma (m)	кадр	kadr
imprimir (vt)	басып чыгаруу	basıp tʃıgaruu

138. Praia. Natação

praia (f)	суу жээги	suu dʒeegi
areia (f)	кум	kum
deserto	ээн суу жээги	een suu dʒeegi
bronzeado (m)	күнгө күйүү	kyngø kyjyy
bronzear-se (vr)	күнгө кактануу	kyngø kaktanuu
bronzeado	күнгө күйгөн	kyngø kyjgøn
protetor (m) solar	күнгө күйүш үчүн крем	kyngø kyjyʃ ytʃyn krem
biquíni (m)	бикини	bikini
fato (m) de banho	купальник	kupalʲnik
calção (m) de banho	плавки	plavki
piscina (f)	бассейн	bassejn
nadar (vi)	сүзүү	syzyy
duche (m)	душ	duʃ
mudar de roupa	кийим алмаштыруу	kijim almaʃtıruu
toalha (f)	сүлгү	sylgy
barco (m)	кайык	kajık
lancha (f)	катер	kater
esqui (m) aquático	суу чаңгысы	suu tʃaŋgısı
barco (m) de pedais	суу велосипеди	suu velosipedi
surf (m)	тактай тебүү	taktaj tebyy
surfista (m)	тактай тебүүчү	taktaj tebyytʃy
equipamento (m) de mergulho	акваланг	akvalang
barbatanas (f pl)	ласты	lastı
máscara (f)	маска	maska
mergulhador (m)	сууга сүңгүү	suuga syŋgyy
mergulhar (vi)	сүңгүү	syŋgyy
debaixo d'água	суу астында	suu astında
guarda-sol (m)	зонт	zont
espreguiçadeira (f)	шезлонг	ʃezlong
óculos (m pl) de sol	көз айнек	køz ajnek
colchão (m) de ar	сүзүү үчүн матрас	syzyy ytʃyn matras
brincar (vi)	ойноо	ojnoo
ir nadar	сууга түшүү	suuga tyʃyy
bola (f) de praia	топ	top
encher (vt)	үйлөө	yjløø
inflável, de ar	үйлөнмө	yjlønmø
onda (f)	толкун	tolkun
boia (f)	буй	buj
afogar-se (pessoa)	чөгүү	tʃøgyy
salvar (vt)	куткаруу	kutkaruu
colete (m) salva-vidas	куткаруучу күрмө	kutkaruutʃu kyrmø
observar (vt)	байкоо	bajkoo
nadador-salvador (m)	куткаруучу	kutkaruutʃu

EQUIPAMENTO TÉCNICO. TRANSPORTES

Equipamento técnico. Transportes

139. Computador

computador (m)	компьютер	kompjuter
portátil (m)	ноутбук	noutbuk
ligar (vt)	күйгүзүү	kyjgyzyy
desligar (vt)	өчүрүү	øtʃyryy
teclado (m)	ариптакта	ariptakta
tecla (f)	баскыч	baskɪtʃ
rato (m)	чычкан	tʃɪtʃkan
tapete (m) de rato	килемче	kilemtʃe
botão (m)	баскыч	baskɪtʃ
cursor (m)	курсор	kursor
monitor (m)	монитор	monitor
ecrã (m)	экран	ekran
disco (m) rígido	катуу диск	katuu disk
capacidade (f) do disco rígido	катуу дисктин көлөмү	katuu disktin kølømy
memória (f)	эс тутум	es tutum
memória RAM (f)	оперативдик эс тутум	operativdik es tutum
ficheiro (m)	файл	fajl
pasta (f)	папка	papka
abrir (vt)	ачуу	atʃuu
fechar (vt)	жабуу	dʒabuu
guardar (vt)	сактоо	saktoo
apagar, eliminar (vt)	жок кылуу	dʒok kɪluu
copiar (vt)	көчүрүү	køtʃyryy
ordenar (vt)	иреттөө	irettøø
copiar (vt)	өткөрүү	øtkøryy
programa (m)	программа	programma
software (m)	программалык	programmalɪk
programador (m)	программист	programmist
programar (vt)	программалаштыруу	programmalaʃtɪruu
hacker (m)	хакер	χaker
senha (f)	сырсөз	sɪrsøz
vírus (m)	вирус	virus
detetar (vt)	издеп табуу	izdep tabuu
byte (m)	байт	bajt

megabyte (m)	мегабайт	megabajt
dados (m pl)	маалыматтар	maalımattar
base (f) de dados	маалымат базасы	maalımat bazası

cabo (m)	кабель	kabelʲ
desconectar (vt)	ажыратуу	adʒıratuu
conetar (vt)	туташтыруу	tutaʃtıruu

140. Internet. E-mail

internet (f)	интернет	internet
browser (m)	браузер	brauzer
motor (m) de busca	издөө аспабы	izdøø aspabı
provedor (m)	провайдер	provajder

webmaster (m)	веб-мастер	web-master
website, sítio web (m)	веб-сайт	web-sajt
página (f) web	веб-баракча	web-baraktʃa

| endereço (m) | дарек | darek |
| livro (m) de endereços | дарек китепчеси | darek kiteptʃesi |

caixa (f) de correio	почта ящиги	potʃta jaʃtʃigi
correio (m)	почта	potʃta
cheia (caixa de correio)	толуп калган	tolup kalgan

mensagem (f)	кабар	kabar
mensagens (f pl) recebidas	келген кабарлар	kelgen kabarlar
mensagens (f pl) enviadas	жөнөтүлгөн кабарлар	dʒønøtylgøn kabarlar

remetente (m)	жөнөтүүчү	dʒønøtyytʃy
enviar (vt)	жөнөтүү	dʒønøtyy
envio (m)	жөнөтүү	dʒønøtyy

| destinatário (m) | алуучу | aluutʃu |
| receber (vt) | алуу | aluu |

| correspondência (f) | жазышуу | dʒazıʃuu |
| corresponder-se (vr) | жазышуу | dʒazıʃuu |

ficheiro (m)	файл	fajl
fazer download, baixar	жүктөө	dʒyktøø
criar (vt)	жаратуу	dʒaratuu
apagar, eliminar (vt)	жок кылуу	dʒok kıluu
eliminado	жок кылынган	dʒok kılıngan

conexão (f)	байланыш	bajlanıʃ
velocidade (f)	ылдамдык	ıldamdık
modem (m)	модем	modem
acesso (m)	жеткирилүү	dʒetkirilyy
porta (f)	порт	port

| conexão (f) | туташуу | tutaʃuu |
| conetar (vi) | ... туташуу | ... tutaʃuu |

| escolher (vt) | тандоо | tandoo |
| buscar (vt) | ... издөө | ... izdøø |

Transportes

141. Avião

avião (m)	учак	uʧak
bilhete (m) de avião	авиабилет	aviabilet
companhia (f) aérea	авиакомпания	aviakompanija
aeroporto (m)	аэропорт	aeroport
supersónico	сверхзвуковой	sverχzvukovoj
comandante (m) do avião	кеме командири	keme komandiri
tripulação (f)	экипаж	ekipaʤ
piloto (m)	учкуч	uʧkuʧ
hospedeira (f) de bordo	стюардесса	stɥardessa
copiloto (m)	штурман	ʃturman
asas (f pl)	канаттар	kanattar
cauda (f)	куйрук	kujruk
cabine (f) de pilotagem	кабина	kabina
motor (m)	кыймылдаткыч	kɯjmɯldatkɯʧ
trem (m) de aterragem	шасси	ʃassi
turbina (f)	турбина	turbina
hélice (f)	пропеллер	propeller
caixa-preta (f)	кара куту	kara kutu
coluna (f) de controlo	штурвал	ʃturval
combustível (m)	күйүүчү май	kyjyyʧy may
instruções (f pl) de segurança	коопсуздук көрсөтмөсү	koopsuzduk kørsøtmøsy
máscara (f) de oxigénio	кислород чумбөтү	kislorod ʧymbøty
uniforme (m)	бир беткей кийим	bir betkey kijim
colete (m) salva-vidas	куткаруучу кырмө	kutkaruuʧu kyrmø
paraquedas (m)	парашют	paraʃut
descolagem (f)	учуп көтөрүлүү	uʧup køtørylyy
descolar (vi)	учуп көтөрүлүү	uʧup køtørylyy
pista (f) de descolagem	учуп чыгуу тилкеси	uʧup ʧɯguu tilkesi
visibilidade (f)	көрүнүш	kørynyʃ
voo (m)	учуу	uʧuu
altura (f)	бийиктик	bijiktik
poço (m) de ar	аба чуҥкуру	aba ʧyŋkuru
assento (m)	орун	orun
auscultadores (m pl)	кулакчын	kulakʧɯn
mesa (f) rebatível	бүктөлмө стол	byktølmø stol
vigia (f)	иллюминатор	illuminator
passagem (f)	өтмөк	øtmøk

142. Comboio

comboio (m)	поезд	poezd
comboio (m) suburbano	электричка	elektritʃka
comboio (m) rápido	бат жүрүүчү поезд	bat dʒyryytʃy poezd
locomotiva (f) diesel	тепловоз	teplovoz
locomotiva (f) a vapor	паровоз	parovoz

carruagem (f)	вагон	vagon
carruagem restaurante (f)	вагон-ресторан	vagon-restoran

carris (m pl)	рельсалар	relʲsalar
caminho de ferro (m)	темир жолу	temir dʒolu
travessa (f)	шпала	ʃpala

plataforma (f)	платформа	platforma
linha (f)	жол	dʒol
semáforo (m)	семафор	semafor
estação (f)	бекет	beket

maquinista (m)	машинист	maʃinist
bagageiro (m)	жук ташуучу	dʒuk taʃuutʃu
hospedeiro, -a (da carruagem)	проводник	provodnik
passageiro (m)	жүргүнчү	dʒyrgyntʃy
revisor (m)	текшерүүчү	tekʃeryytʃy

corredor (m)	коридор	koridor
freio (m) de emergência	стоп-кран	stop-kran
compartimento (m)	купе	kupe
cama (f)	текче	tektʃe
cama (f) de cima	үстүнкү текче	ystynky tektʃe
cama (f) de baixo	ылдыйкы текче	ıldıjkı tektʃe
roupa (f) de cama	жууркан-төшөк	dʒuurkan-tøʃøk

bilhete (m)	билет	bilet
horário (m)	ырааттама	ıraattama
painel (m) de informação	табло	tablo

partir (vt)	жөнөө	dʒønøø
partida (f)	жөнөө	dʒønøø
chegar (vi)	келүү	kelyy
chegada (f)	келүү	kelyy

chegar de comboio	поезд менен келүү	poezd menen kelyy
apanhar o comboio	поездге отуруу	poezdge oturuu
sair do comboio	поездден түшүү	poezdden tyʃyy

acidente (m) ferroviário	кыйроо	kıjroo
descarrilar (vi)	рельсадан чыгып кетүү	relʲsadan tʃɪgɪp ketyy

locomotiva (f) a vapor	паровоз	parovoz
fogueiro (m)	от жагуучу	ot dʒaguutʃu
fornalha (f)	меш	meʃ
carvão (m)	көмүр	kømyr

143. Barco

navio (m)	кеме	keme
embarcação (f)	кеме	keme
vapor (m)	пароход	paroχod
navio (m)	теплоход	teploχod
transatlântico (m)	лайнер	lajner
cruzador (m)	крейсер	krejser
iate (m)	яхта	jaχta
rebocador (m)	буксир	buksir
barcaça (f)	баржа	bardʒa
ferry (m)	паром	parom
veleiro (m)	парус	parus
bergantim (m)	бригантина	brigantina
quebra-gelo (m)	муз жаргыч кеме	muz dʒargıtʃ keme
submarino (m)	суу астында жүрүүчү кеме	suu astında dʒyryytʃy keme
bote, barco (m)	кайык	kajık
bote, dingue (m)	шлюпка	ʃlupka
bote (m) salva-vidas	куткаруу шлюпкасы	kutkaruu ʃlupkası
lancha (f)	катер	kater
capitão (m)	капитан	kapitan
marinheiro (m)	матрос	matros
marujo (m)	деңизчи	deŋiztʃi
tripulação (f)	экипаж	ekipadʒ
contramestre (m)	боцман	botsman
grumete (m)	юнга	junga
cozinheiro (m) de bordo	кок	kok
médico (m) de bordo	кеме доктуру	keme dokturu
convés (m)	палуба	paluba
mastro (m)	мачта	matʃta
vela (f)	парус	parus
porão (m)	трюм	trum
proa (f)	тумшук	tumʃuk
popa (f)	кеменин арткы бөлүгү	kemenin artkı bølygy
remo (m)	калак	kalak
hélice (f)	винт	vint
camarote (m)	каюта	kajuta
sala (f) dos oficiais	кают-компания	kajut-kompanija
sala (f) das máquinas	машина бөлүгү	maʃina bølygy
ponte (m) de comando	капитан мостиги	kapitan mostigi
sala (f) de comunicações	радиорубка	radiorubka
onda (f) de rádio	толкун	tolkun
diário (m) de bordo	кеме журналы	keme dʒurnalı
luneta (f)	дүрбү	dyrby

| sino (m) | коңгуроо | konguroo |
| bandeira (f) | байрак | bajrak |

| cabo (m) | аркан | arkan |
| nó (m) | түйүн | tyjyn |

| corrimão (m) | туткуч | tutkuʧ |
| prancha (f) de embarque | трап | trap |

âncora (f)	кеме казык	keme kazık
recolher a âncora	кеме казыкты көтөрүү	keme kazıktı køtøryy
lançar a âncora	кеме казыкты таштоо	keme kazıktı taʃtoo
amarra (f)	казык чынжыры	kazık ʧindʒırı

porto (m)	порт	port
cais, amarradouro (m)	причал	priʧal
atracar (vi)	келип токтоо	kelip toktoo
desatracar (vi)	жээктен алыстоо	dʒeekten alıstoo

viagem (f)	саякат	sajakat
cruzeiro (m)	деңиз саякаты	deŋiz sajakatı
rumo (m), rota (f)	курс	kurs
itinerário (m)	каттам	kattam

canal (m) navegável	фарватер	farvater
banco (m) de areia	тайыз жер	tajız dʒer
encalhar (vt)	тайыз жерге отуруу	tajız dʒerge oturuu

tempestade (f)	бороон чапкын	boroon ʧapkın
sinal (m)	сигнал	signal
afundar-se (vr)	чөгүү	ʧøgyy
Homem ao mar!	Сууда адам бар!	suuda adam bar!
SOS	SOS	sos
boia (f) salva-vidas	куткаруучу тегерек	kutkaruuʧu tegerek

144. Aeroporto

aeroporto (m)	аэропорт	aeroport
avião (m)	учак	uʧak
companhia (f) aérea	авиакомпания	aviakompanija
controlador (m) de tráfego aéreo	авиадиспетчер	aviadispetʧer

partida (f)	учуп кетүү	uʧup ketyy
chegada (f)	учуп келүү	uʧup kelyy
chegar (~ de avião)	учуп келүү	uʧup kelyy

| hora (f) de partida | учуп кетүү убактысы | uʧup ketyy ubaktısı |
| hora (f) de chegada | учуп келүү убактысы | uʧup kelyy ubaktısı |

estar atrasado	кармалуу	karmaluu
atraso (m) de voo	учуп кетүүнүн кечигиши	uʧup ketyynyn keʧigiʃi
painel (m) de informação	маалымат таблосу	maalımat tablosu
informação (f)	маалымат	maalımat

| anunciar (vt) | кулактандыруу | kulaktandıruu |
| voo (m) | рейс | rejs |

| alfândega (f) | бажыкана | badʒıkana |
| funcionário (m) da alfândega | бажы кызматкери | badʒı kızmatkeri |

declaração (f) alfandegária	бажы декларациясы	badʒı deklaratsijası
preencher (vt)	толтуруу	tolturuu
preencher a declaração	декларация толтуруу	deklaratsija tolturuu
controlo (m) de passaportes	паспорт текшерүү	pasport tekʃeryy

bagagem (f)	жүк	dʒyk
bagagem (f) de mão	кол жүгү	kol dʒygy
carrinho (m)	араба	araba

aterragem (f)	конуу	konuu
pista (f) de aterragem	конуу тилкеси	konuu tilkesi
aterrar (vi)	конуу	konuu
escada (f) de avião	трап	trap

check-in (m)	катталуу	kattaluu
balcão (m) do check-in	каттоо стойкасы	kattoo stojkası
fazer o check-in	катталуу	kattaluu
cartão (m) de embarque	отуруу үчүн талон	oturuu ytʃyn talon
porta (f) de embarque	чыгуу	tʃıguu

trânsito (m)	транзит	tranzit
esperar (vi, vt)	күтүү	kytyy
sala (f) de espera	күтүү залы	kutyy zalı
despedir-se de …	узатуу	uzatuu
despedir-se (vr)	коштошуу	koʃtoʃuu

145. Bicicleta. Motocicleta

bicicleta (f)	велосипед	velosiped
scotter, lambreta (f)	мотороллер	motoroller
mota (f)	мотоцикл	mototsikl

ir de bicicleta	велосипедде жүрүү	velosipedde dʒyryy
guiador (m)	руль	rulʲ
pedal (m)	педаль	pedalʲ
travões (m pl)	тормоз	tormoz
selim (m)	отургуч	oturgutʃ

| bomba (f) de ar | соркыскыч | sorkıskıtʃ |
| porta-bagagens (m) | багажник | bagadʒnik |

| lanterna (f) | фонарь | fonarʲ |
| capacete (m) | шлем | ʃlem |

roda (f)	дөңгөлөк	døŋgøløk
guarda-lamas (m)	калкан	kalkan
aro (m)	дөңгөлөктүн алкагы	døŋgøløktyn alkagı
raio (m)	чабак	tʃabak

Carros

146. Tipos de carros

carro, automóvel (m)	автоунаа	avtounaa
carro (m) desportivo	спорттук автоунаа	sporttuk avtounaa
limusine (f)	лимузин	limuzin
todo o terreno (m)	жолтандабас	dʒoltandabas
descapotável (m)	кабриолет	kabriolet
minibus (m)	микроавтобус	mikroavtobus
ambulância (f)	тез жардам	tez dʒardam
limpa-neve (m)	кар күрөөчү машина	kar kyrøøtʃy maʃina
camião (m)	жүк ташуучу машина	dʒyk taʃuutʃu maʃina
camião-cisterna (m)	бензовоз	benzovoz
carrinha (f)	фургон	furgon
camião-trator (m)	тягач	tʲagatʃ
atrelado (m)	чиркегич	tʃirkegitʃ
confortável	жайлуу	dʒajluu
usado	колдонулган	koldonulgan

147. Carros. Carroçaria

capô (m)	капот	kapot
guarda-lamas (m)	калкан	kalkan
tejadilho (m)	үстү	ysty
para-brisa (m)	шамалдан тоскон айнек	ʃamaldan toskon ajnek
espelho (m) retrovisor	арткы күзгү	artkı kyzgy
lavador (m)	айнек жуугуч	ajnek dʒuugutʃ
limpa-para-brisas (m)	щётка	ʃtʲotka
vidro (m) lateral	каптал айнек	kaptal ajnek
elevador (m) do vidro	айнек көтөргүч	ajnek køtørgytʃ
antena (f)	антенна	antenna
teto solar (m)	люк	lʉk
para-choques (m pl)	бампер	bamper
bagageira (f)	жүк салгыч	dʒyk salgıtʃ
bagageira (f) de tejadilho	жүк салгыч	dʒyk salgıtʃ
porta (f)	эшик	eʃik
maçaneta (f)	кармагыч	karmagıtʃ
fechadura (f)	кулпу	kulpu
matrícula (f)	номер	nomer
silenciador (m)	глушитель	gluʃitelʲ

| tanque (m) de gasolina | бензобак | benzobak |
| tubo (m) de escape | калдыктар түтүгү | kaldıktar tytygy |

acelerador (m)	газ	gaz
pedal (m)	педаль	pedalı
pedal (m) do acelerador	газ педали	gaz pedali

travão (m)	тормоз	tormoz
pedal (m) do travão	тормоздун педалы	tormozdun pedalı
travar (vt)	тормоз басуу	tormoz basuu
travão (m) de mão	токтомо тормозу	toktomo tormozu

embraiagem (f)	илиштирүү	iliʃtiryy
pedal (m) da embraiagem	илиштирүү педали	iliʃtiryy pedali
disco (m) de embraiagem	илиштирүү диски	iliʃtiryy diski
amortecedor (m)	амортизатор	amortizator

roda (f)	дөңгөлөк	døŋgøløk
pneu (m) sobresselente	запас дөңгөлөгү	zapas døŋgøløgy
pneu (m)	покрышка	pokrıʃka
tampão (m) de roda	жапкыч	dʒapkıtʃ

rodas (f pl) motrizes	салма дөңгөлөктөр	salma døŋgøløktør
de tração dianteira	алдыңкы дөңгөлөк салмалуу	aldıŋkı døŋgøløk salmaluu
de tração traseira	аркы дөңгөлөк салмалуу	artkı døŋgøløk salmaluu
de tração às 4 rodas	бардык дөңгөлөк салмалуу	bardık døŋgøløk salmaluu

caixa (f) de mudanças	бергилик куту	bergilik kutu
automático	автоматтык	avtomattık
mecânico	механикалуу	meҳanikaluu
alavanca (f) das mudanças	бергилик кутунун жылышуусу	bergilik kutunun dʒılıʃuusu

| farol (m) | фара | fara |
| faróis, luzes | фаралар | faralar |

médios (m pl)	жакынкы чырак	dʒakınkı tʃırak
máximos (m pl)	алыскы чырак	alıskı tʃırak
luzes (f pl) de stop	стоп-сигнал	stop-signal

mínimos (m pl)	габарит чырактары	gabarit tʃıraktarı
luzes (f pl) de emergência	авария чырактары	avarija tʃıraktarı
faróis (m pl) antinevoeiro	туманга каршы чырактар	tumanga karʃı tʃıraktar
pisca-pisca (m)	бурулуш чырагы	buruluʃ tʃıragı
luz (f) de marcha atrás	аркы чырак	artkı tʃırak

148. Carros. Habitáculo

interior (m) do carro	салон	salon
de couro, de pele	тери	teri
de veludo	велюр	velʉr
estofos (m pl)	каптоо	kaptoo

indicador (m)	алет	alet
painel (m) de instrumentos	алет панели	alet paneli
velocímetro (m)	спидометр	spidometr
ponteiro (m)	жебе	dʒebe

conta-quilómetros (m)	эсептегич	eseptegitʃ
sensor (m)	көрсөткүч	kørsøtkytʃ
nível (m)	деңгээл	dengeel
luz (f) avisadora	көрсөткүч	kørsøtkytʃ

volante (m)	руль	rulʲ
buzina (f)	сигнал	signal
botão (m)	баскыч	baskıtʃ
interruptor (m)	которгуч	kotorgutʃ

assento (m)	орун	orun
costas (f pl) do assento	жөлөнгүч	dʒøløngytʃ
cabeceira (f)	баш жөлөгүч	baʃ dʒøløgytʃ
cinto (m) de segurança	орундук куру	orunduk kuru
apertar o cinto	курду тагынуу	kurdu tagınuu
regulação (f)	жөндөө	dʒøndøø

airbag (m)	аба жаздыкчасы	aba dʒazdıktʃası
ar (m) condicionado	аба желдеткич	aba dʒeldetkitʃ

rádio (m)	үналгы	ynalgı
leitor (m) de CD	CD-ойноткуч	sidi-ojnotkutʃ
ligar (vt)	жүргүзүү	dʒyrgyzyy
antena (f)	антенна	antenna
porta-luvas (m)	колкап бөлүмү	kolkap bølymy
cinzeiro (m)	күл салгыч	kyl salgıtʃ

149. Carros. Motor

motor (m)	кыймылдаткыч	kıjmıldatkıtʃ
motor (m)	мотор	motor
diesel	дизель менен	dizelʲ menen
a gasolina	бензин менен	benzin menen

cilindrada (f)	кыймылдаткычтын көлөмү	kıjmıldatkıtʃtın kølømy
potência (f)	кубатуулугу	kubatuulugu
cavalo-vapor (m)	ат күчү	at kytʃy
pistão (m)	бишкек	biʃkek
cilindro (m)	цилиндр	tsılindr
válvula (f)	сарпкапкак	sarpkapkak

injetor (m)	бүрккүч	byrkkytʃ
gerador (m)	генератор	generator
carburador (m)	карбюратор	karbʉrator
óleo (m) para motor	мотор майы	motor majı

radiador (m)	радиатор	radiator
refrigerante (m)	суутуучу суюктук	suutuutʃu sujʉktuk

ventilador (m)	желдеткич	dʒeldetkitʃ
bateria (f)	аккумулятор	akkumulʲator
dispositivo (m) de arranque	стартер	starter
ignição (f)	от алдыруу	ot aldıruu
vela (f) de ignição	от алдыруу шамы	ot aldıruu ʃamı
borne (m)	клемма	klemma
borne (m) positivo	плюс	plus
borne (m) negativo	минус	minus
fusível (m)	эриме сактагыч	erime saktagıtʃ
filtro (m) de ar	аба чыпкасы	aba tʃıpkası
filtro (m) de óleo	май чыпкасы	maj tʃıpkası
filtro (m) de combustível	күйүүчү май чыпкасы	kyjyytʃy may tʃıpkası

150. Carros. Batidas. Reparação

acidente (m) de carro	авто урунушу	avto urunuʃu
acidente (m) rodoviário	жол кырсыгы	dʒol kırsıgı
ir contra ...	урунуу	urunuu
sofrer um acidente	талкалануу	talkalanuu
danos (m pl)	бузулуу	buzuluu
intato	бүтүн	bytyn
avaria (no motor, etc.)	бузулуу	buzuluu
avariar (vi)	бузулуп калуу	buzulup kaluu
cabo (m) de reboque	сүйрөө арканы	syjrøø arkanı
furo (m)	тешилип калуу	teʃilip kaluu
estar furado	желин чыгаруу	dʒelin tʃıgaruu
encher (vt)	үйлөтүү	yjløtyy
pressão (f)	басым	basım
verificar (vt)	текшерүү	tekʃeryy
reparação (f)	оңдоо	oŋdoo
oficina (f) de reparação de carros	автосервис	avtoservis
peça (f) sobresselente	белен тетик	belen tetik
peça (f)	тетик	tetik
parafuso (m)	буроо	buroo
parafuso (m)	буралма	buralma
porca (f)	бурама	burama
anilha (f)	эбелек	ebelek
rolamento (m)	мунакжаздам	munakdʒazdam
tubo (m)	түтүк	tytyk
junta (f)	төшөм	tøʃøm
fio, cabo (m)	зым	zım
macaco (m)	домкрат	domkrat
chave (f) de boca	гайка ачкычы	gajka atʃkıtʃı
martelo (m)	балка	balka
bomba (f)	соркыскыч	sorkıskıtʃ

chave (f) de fendas	бурагыч	buragɪtʃ
extintor (m)	өрт өчүргүч	ørt øtʃyrgytʃ
triângulo (m) de emergência	эскертүү үчбурчтук	eskertyy ytʃburtʃtuk

parar (vi) (motor)	өчүп калуу	øtʃyp kaluu
paragem (f)	иштебей калуу	iʃtebej kaluu
estar quebrado	бузулуп калуу	buzulup kaluu

superaquecer-se (vr)	кайнап кетүү	kajnap ketyy
entupir-se (vr)	тыгылуу	tɪgɪluu
congelar-se (vr)	тоңуп калуу	toŋup kaluu
rebentar (vi)	жарылып кетүү	dʒarɪlɪp ketyy

pressão (f)	басым	basɪm
nível (m)	деңгээл	deŋgeel
frouxo	бош	boʃ

mossa (f)	кабырылуу	kabɪrɪluu
ruído (m)	такылдоо	takɪldoo
fissura (f)	жарака	dʒaraka
arranhão (m)	чийилип калуу	tʃijilip kaluu

151. Carros. Estrada

estrada (f)	жол	dʒol
autoestrada (f)	кан жол	kan dʒol
rodovia (f)	шоссе	ʃosse
direção (f)	багыт	bagɪt
distância (f)	аралык	aralɪk

ponte (f)	көпүрө	køpyrø
parque (m) de estacionamento	унаа токтоочу жай	unaa toktootʃu dʒaj
praça (f)	аянт	ajant
nó (m) rodoviário	баштан өйдө өткөн жол	baʃtan øjdø øtkøn dʒol
túnel (m)	тоннель	tonnelʲ

posto (m) de gasolina	май куюучу станция	maj kujuutʃu stantsija
parque (m) de estacionamento	унаа токтоочу жай	unaa toktootʃu dʒaj
bomba (f) de gasolina	колонка	kolonka
oficina (f) de reparação de carros	автосервис	avtoservis
abastecer (vt)	май куюу	maj kujuu
combustível (m)	күйүүчү май	kyjyytʃy may
bidão (m) de gasolina	канистра	kanistra

asfalto (m)	асфальт	asfalʲt
marcação (f) de estradas	салынган тамга	salɪngan tamga
lancil (m)	бордюр	bordur
proteção (f) guard-rail	тосмо	tosmo
valeta (f)	арык	arɪk
berma (f) da estrada	жол чети	dʒol tʃeti
poste (m) de luz	чырак мамы	tʃɪrak mamɪ
conduzir, guiar (vt)	айдоо	ajdoo
virar (ex. ~ à direita)	бурулуу	buruluu

dar retorno	артка кайтуу	artka kajtuu
marcha-atrás (f)	артка айдоо	artka ajdoo
buzinar (vi)	сигнал берүү	signal beryy
buzina (f)	дабыш сигналы	dabıʃ signalı
atolar-se (vr)	тыгылып калуу	tıgılıp kaluu
patinar (na lama)	сүйрөө	syjrøø
desligar (vt)	басаңдатуу	basaŋdatuu
velocidade (f)	ылдамдык	ıldamdık
exceder a velocidade	ылдамдыктан ашуу	ıldamdıktan aʃuu
multar (vt)	айып салуу	ajıp saluu
semáforo (m)	светофор	svetofor
carta (f) de condução	айдоочу күбөлүгү	ajdootʃu kybølygy
passagem (f) de nível	кесип өтмө	kesip øtmø
cruzamento (m)	кесилиш	kesiliʃ
passadeira (f)	жөө жүрүүчүлөр жолу	dʒøø dʒyryytʃylør dʒolu
curva (f)	бурулуш	buruluʃ
zona (f) pedonal	жөө жүрүүчүлөр алкагы	dʒøø dʒyryytʃylør alkagı

PESSOAS. EVENTOS

Eventos

152. Férias. Evento

festa (f)	майрам	majram
festa (f) nacional	улуттук	uluttuk
feriado (m)	майрам күнү	majram kyny
festejar (vt)	майрамдоо	majramdoo

evento (festa, etc.)	окуя	okuja
evento (banquete, etc.)	иш-чара	iʃ-tʃara
banquete (m)	банкет	banket
receção (f)	кабыл алуу	kabıl aluu
festim (m)	той	toj

aniversário (m)	жылдык	dʒıldık
jubileu (m)	юбилей	jubilej
celebrar (vt)	белгилөө	belgilөө

Ano (m) Novo	Жаны жыл	dʒanı dʒıl
Feliz Ano Novo!	Жаны Жылыңар менен!	dʒanı dʒılıŋar menen!
Pai (m) Natal	Аяз ата, Санта Клаус	ajaz ata, santa klaus

| Natal (m) | Рождество | rodʒdestvo |
| Feliz Natal! | Рождество майрамыңыз менен! | rodʒdestvo majramıŋız menen! |

| árvore (f) de Natal | Жаңы жылдык балаты | dʒaŋı dʒıldık balatı |
| fogo (m) de artifício | салют | salʉt |

boda (f)	үйлөнүү той	yjlөnyy toy
noivo (m)	күйөө	kyjөө
noiva (f)	колукту	koluktu

| convidar (vt) | чакыруу | tʃakıruu |
| convite (m) | чакыруу | tʃakıruu |

convidado (m)	конок	konok
visitar (vt)	конокко баруу	konokko baruu
receber os hóspedes	конок тосуу	konok tosuu

presente (m)	белек	belek
oferecer (vt)	белек берүү	belek beryy
receber presentes	белек алуу	belek aluu
ramo (m) de flores	десте	deste

| felicitações (f pl) | куттуктоо | kuttuktoo |
| felicitar (dar os parabéns) | куттуктоо | kuttuktoo |

cartão (m) de parabéns	куттуктоо ачык каты	kuttuktoo atʃık katı
enviar um postal	ачык катты жөнөтүү	atʃık kattı dʒønøtyy
receber um postal	ачык катты алуу	atʃık kattı aluu

brinde (m)	каалоо тилек	kaaloo tilek
oferecer (vt)	ооз тийгизүү	ooz tijgizyy
champanhe (m)	шампан	ʃampan

divertir-se (vr)	көңүл ачуу	kønyl atʃuu
diversão (f)	көңүлдүүлүк	kønyldyylyk
alegria (f)	кубаныч	kubanıtʃ

| dança (f) | бий | bij |
| dançar (vi) | бийлөө | bijløø |

| valsa (f) | вальс | valʲs |
| tango (m) | танго | tango |

153. Funerais. Enterro

cemitério (m)	мүрзө	myrzø
sepultura (f), túmulo (m)	мүрзө	myrzø
cruz (f)	крест	krest
lápide (f)	мүрзө үстүндөгү жазуу	myrzø ystyndøgy dʒazuu
cerca (f)	тосмо	tosmo
capela (f)	кичинекей чиркөө	kitʃinekej tʃirkøø

morte (f)	өлүм	ølym
morrer (vi)	өлүү	ølyy
defunto (m)	маркум	markum
luto (m)	аза	aza

enterrar, sepultar (vt)	көмүү	kømyy
agência (f) funerária	ырасым бюросу	ırasım bɥrosu
funeral (m)	сөөк узатуу жана көмүү	søøk uzatuu dʒana kømyy
coroa (f) de flores	гүлчамбар	gyltʃambar
caixão (m)	табыт	tabıt
carro (m) funerário	катафалк	katafalk
mortalha (f)	кепин	kepin

procissão (f) funerária	узатуу жүрүшү	uzatau dʒyryʃy
urna (f) funerária	сөөк күлдүн кутусу	søøk kyldyn kutusu
crematório (m)	крематорий	krematorij

obituário (m), necrologia (f)	некролог	nekrolog
chorar (vi)	ыйлоо	ıjloo
soluçar (vi)	боздоп ыйлоо	bozdop ıjloo

154. Guerra. Soldados

| pelotão (m) | взвод | vzvod |
| companhia (f) | рота | rota |

regimento (m)	полк	polk
exército (m)	армия	armija
divisão (f)	дивизия	divizija
destacamento (m)	отряд	otrʲad
hoste (f)	куралдуу аскер	kuralduu asker
soldado (m)	аскер	asker
oficial (m)	офицер	ofitser
soldado (m) raso	катардагы жоокер	katardagı dʒooker
sargento (m)	сержант	serdʒant
tenente (m)	лейтенант	lejtenant
capitão (m)	капитан	kapitan
major (m)	майор	major
coronel (m)	полковник	polkovnik
general (m)	генерал	general
marujo (m)	денизчи	deɲiztʃi
capitão (m)	капитан	kapitan
contramestre (m)	боцман	botsman
artilheiro (m)	артиллерист	artillerist
soldado (m) paraquedista	десантник	desantnik
piloto (m)	учкуч	utʃkutʃ
navegador (m)	штурман	ʃturman
mecânico (m)	механик	meχanik
sapador (m)	сапёр	sapʲor
paraquedista (m)	парашютист	paraʃutist
explorador (m)	чалгынчы	tʃalgıntʃı
franco-atirador (m)	көзатар	køzatar
patrulha (f)	жол-күзөт	dʒol-kyzøt
patrulhar (vt)	жол-күзөткө чыгуу	dʒol-kyzøtkø tʃıguu
sentinela (f)	сакчы	saktʃı
guerreiro (m)	жоокер	dʒooker
patriota (m)	мекенчил	mekentʃil
herói (m)	баатыр	baatır
heroína (f)	баатыр айым	baatır ajım
traidor (m)	чыккынчы	tʃıkkıntʃı
trair (vt)	кыянаттык кылуу	kıjanattık kıluu
desertor (m)	качкын	katʃkın
desertar (vt)	качуу	katʃuu
mercenário (m)	жалданма	dʒaldanma
recruta (m)	жаңы алынган аскер	dʒaŋı alıngan asker
voluntário (m)	ыктыярчы	ıktıjartʃı
morto (m)	өлтүрүлгөн	øltyrylgøn
ferido (m)	жарадар	dʒaradar
prisioneiro (m) de guerra	туткун	tutkun

155. Guerra. Ações militares. Parte 1

guerra (f)	согуш	soguʃ
guerrear (vt)	согушуу	soguʃuu
guerra (f) civil	жарандык согуш	dʒarandık soguʃ
perfidamente	жүзү каралык менен кол салуу	dʒyzy karalık menen kol saluu
declaração (f) de guerra	согушту жарыялоо	soguʃtu dʒarıjaloo
declarar (vt) guerra	согуш жарыялоо	soguʃ dʒarıjaloo
agressão (f)	агрессия	agressija
atacar (vt)	кол салуу	kol saluu
invadir (vt)	басып алуу	basıp aluu
invasor (m)	баскынчы	baskınʧı
conquistador (m)	басып алуучу	basıp aluuʧu
defesa (f)	коргонуу	korgonuu
defender (vt)	коргоо	korgoo
defender-se (vr)	коргонуу	korgonuu
inimigo (m)	душман	duʃman
adversário (m)	каршылаш	karʃılaʃ
inimigo	душмандын	duʃmandın
estratégia (f)	стратегия	strategija
tática (f)	тактика	taktika
ordem (f)	буйрук	bujruk
comando (m)	команда	komanda
ordenar (vt)	буйрук берүү	bujruk beryy
missão (f)	тапшырма	tapʃırma
secreto	жашыруун	dʒaʃıruun
batalha (f)	согуш	soguʃ
combate (m)	салгылаш	salgılaʃ
ataque (m)	чабуул	ʧabuul
assalto (m)	чабуул	ʧabuul
assaltar (vt)	чабуул жасоо	ʧabuul dʒasoo
assédio, sítio (m)	тегеректеп курчоо	tegerektep kurʧoo
ofensiva (f)	чабуул	ʧabuul
passar à ofensiva	чабуул салуу	ʧabuul saluu
retirada (f)	чегинүү	ʧeginyy
retirar-se (vr)	чегинүү	ʧeginyy
cerco (m)	курчоо	kurʧoo
cercar (vt)	курчоого алуу	kurʧoogo aluu
bombardeio (m)	бомба жаадыруу	bomba dʒaadıruu
lançar uma bomba	бомба таштоо	bomba taʃtoo
bombardear (vt)	бомба жаадыруу	bomba dʒaadıruu
explosão (f)	жарылуу	dʒarıluu

tiro (m)	атылуу	atıluu
disparar um tiro	атуу	atuu
tiroteio (m)	атуу	atuu

apontar para ...	мээлөө	meelөө
apontar (vt)	мээлөө	meelөө
acertar (vt)	тийүү	tijyy

afundar (um navio)	чөктүрүү	tʃөktyryy
brecha (f)	тешик	teʃik
afundar-se (vr)	суу астына кетүү	suu astına ketyy

frente (m)	майдан	majdan
evacuação (f)	эвакуация	evakuatsija
evacuar (vt)	эвакуациялоо	evakuatsijaloo

trincheira (f)	окоп	okop
arame (m) farpado	тикендүү зым	tikendyy zım
obstáculo (m) anticarro	тосмо	tosmo
torre (f) de vigia	мунара	munara

hospital (m)	госпиталь	gospitalʲ
ferir (vt)	жарадар кылуу	dʒaradar kıluu
ferida (f)	жара	dʒara
ferido (m)	жарадар	dʒaradar
ficar ferido	жаракат алуу	dʒarakat aluu
grave (ferida ~)	оор жаракат	oor dʒarakat

156. Armas

arma (f)	курал	kural
arma (f) de fogo	курал жарак	kural dʒarak
arma (f) branca	атылбас курал	atılbas kural

arma (f) química	химиялык курал	ximijalık kural
nuclear	ядерлүү	jaderlyy
arma (f) nuclear	ядерлүү курал	jaderlyy kural

bomba (f)	бомба	bomba
bomba (f) atómica	атом бомбасы	atom bombası

pistola (f)	тапанча	tapantʃa
caçadeira (f)	мылтык	mıltık
pistola-metralhadora (f)	автомат	avtomat
metralhadora (f)	пулемёт	pulemʲot

boca (f)	мылтыктын оозу	mıltıktın oozu
cano (m)	ствол	stvol
calibre (m)	калибр	kalibr

gatilho (m)	курок	kurok
mira (f)	кароолго алуу	karoolgo aluu
carregador (m)	магазин	magazin
coronha (f)	күндак	kyndak

granada (f) de mão	граната	granata
explosivo (m)	жарылуучу зат	dʒarıluutʃu zat
bala (f)	ок	ok
cartucho (m)	патрон	patron
carga (f)	дүрмөк	dyrmøk
munições (f pl)	ок-дары	ok-darı
bombardeiro (m)	бомбалоочу	bombalootʃu
avião (m) de caça	кыйраткыч учак	kıjratkıtʃ utʃak
helicóptero (m)	вертолёт	vertolʲot
canhão (m) antiaéreo	зенитка	zenitka
tanque (m)	танк	tank
canhão (de um tanque)	замбирек	zambirek
artilharia (f)	артиллерия	artillerija
canhão (m)	замбирек	zambirek
fazer a pontaria	мээлөө	meeløø
obus (m)	снаряд	snarʲad
granada (f) de morteiro	мина	mina
morteiro (m)	миномёт	minomʲot
estilhaço (m)	сыныктар	sınıktar
submarino (m)	суу астында жүрүүчү кеме	suu astında dʒyryytʃy keme
torpedo (m)	торпеда	torpeda
míssil (m)	ракета	raketa
carregar (uma arma)	октоо	oktoo
atirar, disparar (vi)	атуу	atuu
apontar para ...	мээлөө	meeløø
baioneta (f)	найза	najza
espada (f)	шпага	ʃpaga
sabre (m)	кылыч	kılıtʃ
lança (f)	найза	najza
arco (m)	жаа	dʒaa
flecha (f)	жебе	dʒebe
mosquete (m)	мушкет	muʃket
besta (f)	арбалет	arbalet

157. Povos da antiguidade

primitivo	алгачкы	algatʃkı
pré-histórico	тарыхтан илгери	tarıxtan ilgeri
antigo	байыркы	bajırkı
Idade (f) da Pedra	Таш доору	taʃ dooru
Idade (f) do Bronze	Коло доору	kolo dooru
período (m) glacial	Муз доору	muz dooru
tribo (f)	уруу	uruu
canibal (m)	адам жегич	adam dʒegitʃ

caçador (m)	аңчы	aŋʧı
caçar (vi)	аңчылык кылуу	aŋʧılık kıluu
mamute (m)	мамонт	mamont

caverna (f)	үңкүр	yŋkyr
fogo (m)	от	ot
fogueira (f)	от	ot
pintura (f) rupestre	ташка чегерилген сүрөт	taʃka ʧegerilgen syrøt

ferramenta (f)	эмгек куралы	emgek kuralı
lança (f)	найза	najza
machado (m) de pedra	таш балта	taʃ balta
guerrear (vt)	согушуу	soguʃuu
domesticar (vt)	колго көндүрүү	kolgo køndyryy

ídolo (m)	бут	but
adorar, venerar (vt)	сыйынуу	sıjınuu
superstição (f)	жок нерсеге ишенүү	dʒok nersege iʃenyy
ritual (m)	ырым-жырым	ırım-dʒırım

evolução (f)	эволюция	evolutsija
desenvolvimento (m)	өнүгүү	ønygyy
desaparecimento (m)	жок болуу	dʒok boluu
adaptar-se (vr)	ылайыкташуу	ılajıktaʃuu

arqueologia (f)	археология	arχeologija
arqueólogo (m)	археолог	arχeolog
arqueológico	археологиялык	arχeologijalık

local (m) das escavações	казуу жери	kazuu dʒeri
escavações (f pl)	казуу иштери	kazuu iʃteri
achado (m)	табылга	tabılga
fragmento (m)	фрагмент	fragment

158. Idade média

povo (m)	эл	el
povos (m pl)	элдер	elder
tribo (f)	уруу	uruu
tribos (f pl)	уруулар	uruular

bárbaros (m pl)	варварлар	varvarlar
gauleses (m pl)	галлдар	galldar
godos (m pl)	готтор	gottor
eslavos (m pl)	славяндар	slavʲandar
víquingues (m pl)	викингдер	vikingder

| romanos (m pl) | римдиктер | rimdikter |
| romano | римдик | rimdik |

bizantinos (m pl)	византиялыктар	vizantijalıktar
Bizâncio	Византия	vizantija
bizantino	византиялык	vizantijalık
imperador (m)	император	imperator

líder (m)	башчы	baʃtʃı
poderoso	кудуреттүү	kudurettyy
rei (m)	король, падыша	koroljˈ, padıʃa
governante (m)	башкаруучу	baʃkaruutʃu

cavaleiro (m)	рыцарь	rıtsarjˈ
senhor feudal (m)	феодал	feodal
feudal	феодалдуу	feodalduu
vassalo (m)	вассал	vassal

duque (m)	герцог	gertsog
conde (m)	граф	graf
barão (m)	барон	baron
bispo (m)	епископ	episkop

armadura (f)	курал жана соот-шайман	kural dʒana soot-ʃajman
escudo (m)	калкан	kalkan
espada (f)	кылыч	kılıtʃ
viseira (f)	туулганын бет калканы	tuulganın bet kalkanı
cota (f) de malha	зоот	zoot

| cruzada (f) | крест астындагы черүү | krest astındagı tʃeryy |
| cruzado (m) | черүүгө чыгуучу | tʃeryygø tʃıguutʃu |

território (m)	аймак	ajmak
atacar (vt)	кол салуу	kol saluu
conquistar (vt)	ээ болуу	ee boluu
ocupar, invadir (vt)	басып алуу	basıp aluu

assédio, sítio (m)	тегеректеп курчоо	tegerektep kurtʃoo
sitiado	курчалган	kurtʃalgan
assediar, sitiar (vt)	курчоого алуу	kurtʃoogo aluu

inquisição (f)	инквизиция	inkvizitsija
inquisidor (m)	инквизитор	inkvizitor
tortura (f)	кыйноо	kıjnoo
cruel	ырайымсыз	ırajımsız
herege (m)	еретик	eretik
heresia (f)	ересь	eresjˈ

navegação (f) marítima	деңизде сүзүү	deŋizde syzyy
pirata (m)	деңиз каракчысы	deŋiz karaktʃısı
pirataria (f)	деңиз каракчылыгы	deŋiz karaktʃılıgı
abordagem (f)	абордаж	abordadʒ

| presa (f), butim (m) | олжо | oldʒo |
| tesouros (m pl) | казына | kazına |

descobrimento (m)	ачылыш	atʃılıʃ
descobrir (novas terras)	таап ачуу	taap atʃuu
expedição (f)	экспедиция	ekspeditsija

mosqueteiro (m)	мушкетёр	muʃketjˈor
cardeal (m)	кардинал	kardinal
heráldica (f)	геральдика	geraljˈdika
heráldico	гералдык	geraldık

159. Líder. Chefe. Autoridades

rei (m)	король, падыша	korolⁱ, padıʃa
rainha (f)	ханыша	χanıʃa
real	падышалык	padıʃalık
reino (m)	падышалык	padıʃalık
príncipe (m)	канзаада	kanzaada
princesa (f)	ханбийке	χanbijke
presidente (m)	президент	prezident
vice-presidente (m)	вице-президент	vitse-prezident
senador (m)	сенатор	senator
monarca (m)	монарх	monarχ
governante (m)	башкаруучу	baʃkaruutʃu
ditador (m)	диктатор	diktator
tirano (m)	зулум	zulum
magnata (m)	магнат	magnat
diretor (m)	директор	direktor
chefe (m)	башчы	baʃtʃı
dirigente (m)	башкаруучу	baʃkaruutʃu
patrão (m)	шеф	ʃef
dono (m)	кожоюн	kodʒodʒʉn
líder, chefe (m)	алдыңкы катардагы	aldıŋkı katardagı
chefe (~ de delegação)	башчы	baʃtʃı
autoridades (f pl)	бийликтер	bijlikter
superiores (m pl)	башчылар	baʃtʃılar
governador (m)	губернатор	gubernator
cônsul (m)	консул	konsul
diplomata (m)	дипломат	diplomat
Presidente (m) da Câmara	мэр	mer
xerife (m)	шериф	ʃerif
imperador (m)	император	imperator
czar (m)	падыша	padıʃa
faraó (m)	фараон	faraon
cã (m)	хан	χan

160. Viloação da lei. Criminosos. Parte 1

bandido (m)	ууру-кески	uuru-keski
crime (m)	кылмыш	kılmıʃ
criminoso (m)	кылмышкер	kılmıʃker
ladrão (m)	ууру	uuru
roubar (vt)	уурдоо	uurdoo
furto (m)	уруулук	uruuluk
furto (m)	уурдоо	uurdoo
raptar (ex. ~ uma criança)	ала качуу	ala katʃuu

rapto (m)	ала качуу	ala katʃuu
raptor (m)	ала качуучу	ala katʃuutʃu
resgate (m)	кутказуу акчасы	kutkazuu aktʃası
pedir resgate	кутказуу акчага	kutkazuu aktʃaga
	талап коюу	talap kojɯu
roubar (vt)	тоноо	tonoo
assalto, roubo (m)	тоноо	tonoo
assaltante (m)	тоноочу	tonootʃu
extorquir (vt)	опузалоо	opuzaloo
extorsionário (m)	опузалоочу	opuzalootʃu
extorsão (f)	опуза	opuza
matar, assassinar (vt)	өлтүрүү	øltyryy
homicídio (m)	өлтүрүү	øltyryy
homicida, assassino (m)	киши өлтүргүч	kiʃi øltyrgytʃ
tiro (m)	атылуу	atıluu
dar um tiro	атуу	atuu
matar a tiro	атып салуу	atıp saluu
atirar, disparar (vi)	атуу	atuu
tiroteio (m)	атышуу	atıʃuu
incidente (m)	окуя	okuja
briga (~ de rua)	уруш	uruʃ
Socorro!	Жардамга!	dʒardamga!
vítima (f)	жапа чеккен	dʒapa tʃekken
danificar (vt)	зыян келтирүү	zıjan keltiryy
dano (m)	залал	zalal
cadáver (m)	өлүк	ølyk
grave	оор	oor
atacar (vt)	кол салуу	kol saluu
bater (espancar)	уруу	uruu
espancar (vt)	ур-токмокко алуу	ur-tokmokko aluu
tirar, roubar (dinheiro)	тартып алуу	tartıp aluu
esfaquear (vt)	союп өлтүрүү	sojup øltyryy
mutilar (vt)	майып кылуу	majıp kıluu
ferir (vt)	жарадар кылуу	dʒaradar kıluu
chantagem (f)	шантаж кылуу	ʃantadʒ kıluu
chantagear (vt)	шантаждоо	ʃantadʒdoo
chantagista (m)	шантажист	ʃantadʒist
extorsão	рэкет	reket
(em troca de proteção)		
extorsionário (m)	рэкетир	reketir
gângster (m)	гангстер	gangster
máfia (f)	мафия	mafija
carteirista (m)	чөнтөк ууру	tʃøntøk uuru
assaltante, ladrão (m)	бузуп алуучу ууру	buzup aluutʃu uuru
contrabando (m)	контрабанда	kontrabanda

contrabandista (m)	контрабандачы	kontrabandatʃı
falsificação (f)	окшотуп жасоо	okʃotup dʒasoo
falsificar (vt)	жасалмалоо	dʒasalmaloo
falsificado	жасалма	dʒasalma

161. Viloação da lei. Criminosos. Parte 2

violação (f)	зордуктоо	zorduktoo
violar (vt)	зордуктоо	zorduktoo
violador (m)	зордукчул	zorduktʃul
maníaco (m)	маньяк	manjak
prostituta (f)	сойку	sojku
prostituição (f)	сойкучулук	sojkutʃuluk
chulo (m)	жак бакты	dʒak baktı
toxicodependente (m)	баңги	baŋgi
traficante (m)	баңгизат сатуучу	baŋgizat satuutʃu
explodir (vt)	жардыруу	dʒardıruu
explosão (f)	жарылуу	dʒarıluu
incendiar (vt)	өрттөө	ørttøø
incendiário (m)	өрттөөчү	ørttøøtʃy
terrorismo (m)	терроризм	terrorizm
terrorista (m)	террорист	terrorist
refém (m)	заложник	zalodʒnik
enganar (vt)	алдоо	aldoo
engano (m)	алдамчылык	aldamtʃılık
vigarista (m)	алдамчы	aldamtʃı
subornar (vt)	сатып алуу	satıp aluu
suborno (atividade)	сатып алуу	satıp aluu
suborno (dinheiro)	пара	para
veneno (m)	уу	uu
envenenar (vt)	ууландыруу	uulandıruu
envenenar-se (vr)	ууланyy	uulanuu
suicídio (m)	жанын кыюу	dʒanın kıdʒuu
suicida (m)	жанын кыйгыч	dʒanın kıjgıtʃ
ameaçar (vt)	коркутуу	korkutuu
ameaça (f)	коркунуч	korkunutʃ
atentar contra a vida de ...	кол салуу	kol saluu
atentado (m)	кол салуу	kol saluu
roubar (o carro)	айдап кетүү	ajdap ketyy
desviar (o avião)	ала качуу	ala katʃuu
vingança (f)	кек	kek
vingar (vt)	өч алуу	øtʃ aluu
torturar (vt)	кыйноо	kıjnoo

| tortura (f) | кыйноо | kıjnoo |
| atormentar (vt) | азапка салуу | azapka saluu |

pirata (m)	деңиз каракчысы	deŋiz karaktʃısı
desordeiro (m)	бейбаш	bejbaʃ
armado	куралданган	kuraldangan
violência (f)	зордук	zorduk
ilegal	мыйзамдан тыш	mıjzamdan tıʃ

| espionagem (f) | тыңчылык | tıŋtʃılık |
| espionar (vi) | тыңчылык кылуу | tıŋtʃılık kıluu |

162. Polícia. Lei. Parte 1

| justiça (f) | адилеттүү сот | adilettyy sot |
| tribunal (m) | сот | sot |

juiz (m)	сот	sot
jurados (m pl)	сот калыстары	sot kalıstarı
tribunal (m) do júri	калыстар соту	sot
julgar (vt)	сотко тартуу	sotko tartuu

advogado (m)	жактоочу	dʒaktootʃu
réu (m)	сот жообуна тартылган киши	sot dʒoobuna tartılgan kiʃi
banco (m) dos réus	соттуулар отуруучу орун	sottuular oturuutʃu orun

| acusação (f) | айыптоо | ajıptoo |
| acusado (m) | айыпталуучу | ajıptaluutʃu |

| sentença (f) | өкүм | økym |
| sentenciar (vt) | өкүм чыгаруу | økym tʃıgaruu |

culpado (m)	күнөөкөр	kynøøkør
punir (vt)	жазалоо	dʒazaloo
punição (f)	жаза	dʒaza

multa (f)	айып	ajıp
prisão (f) perpétua	өмүр бою	ømyr bojʉ
pena (f) de morte	өлүм жазасы	ølym dʒazası
cadeira (f) elétrica	электр столу	elektr stolu
forca (f)	дарга	darga

| executar (vt) | өлүм жазасын аткаруу | ølym dʒazasın atkaruu |
| execução (f) | өлүм жазасын аткаруу | ølym dʒazasın atkaruu |

| prisão (f) | түрмө | tyrmø |
| cela (f) de prisão | камера | kamera |

escolta (f)	конвой	konvoj
guarda (m) prisional	түрмө сакчысы	tyrmø saktʃısı
preso (m)	камактагы адам	kamaktagı adam
algemas (f pl)	кишен	kiʃen
algemar (vt)	кишен кийгизүү	kiʃen kijgizyy

fuga, evasão (f)	качуу	katʃuu
fugir (vi)	качуу	katʃuu
desaparecer (vi)	жоголуп кетүү	dʒogolup ketyy
soltar, libertar (vt)	бошотуу	boʃotuu
amnistia (f)	амнистия	amnistija

política (instituição)	полиция	politsija
polícia (m)	полиция кызматкери	politsija kızmatkeri
esquadra (f) de polícia	полиция бөлүмү	politsija bølymy
cassetete (m)	резина союлчасы	rezina sojultʃası
megafone (m)	керней	kernej

carro (m) de patrulha	жол күзөт машинасы	dʒol kyzøt maʃinası
sirene (f)	сирена	sirena
ligar a sirene	сиренаны басуу	sirenanı basuu
toque (m) da sirene	сиренанын боздошу	sirenanın bozdoʃu

cena (f) do crime	кылмыш болгон жер	kılmıʃ bolgon dʒer
testemunha (f)	күбө	kybø
liberdade (f)	эркиндик	erkindik
cúmplice (m)	шерик	ʃerik
escapar (vi)	из жашыруу	iz dʒaʃıruu
traço (não deixar ~s)	из	iz

163. Polícia. Lei. Parte 2

procura (f)	издөө	izdøø
procurar (vt)	... издөө	... izdøø
suspeita (f)	шек	ʃek
suspeito	шектүү	ʃektyy
parar (vt)	токтотуу	toktotuu
deter (vt)	кармоо	karmoo

caso (criminal)	иш	iʃ
investigação (f)	териштирүү	teriʃtiryy
detetive (m)	аңдуучу	aŋduutʃu
investigador (m)	тергөөчү	tergøøtʃy
versão (f)	жоромол	dʒoromol

motivo (m)	себеп	sebep
interrogatório (m)	сурак	surak
interrogar (vt)	суракка алуу	surakka aluu
questionar (vt)	сураштыруу	suraʃtıruu
verificação (f)	текшерүү	tekʃeryy

batida (f) policial	тегеректөө	tegerektøø
busca (f)	тинтүү	tintyy
perseguição (f)	куу	kuu
perseguir (vt)	изине түшүү	izine tyʃyy
seguir (vt)	изине түшүү	izine tyʃyy

prisão (f)	камак	kamak
prender (vt)	камакка алуу	kamakka aluu
pegar, capturar (vt)	кармоо	karmoo

captura (f)	колго түшүрүү	kolgo tyſyryy
documento (m)	документ	dokument
prova (f)	далил	dalil
provar (vt)	далилдөө	dalildøø
pegada (f)	из	iz
impressões (f pl) digitais	манжанын изи	mandʒanın izi
prova (f)	далил	dalil

álibi (m)	алиби	alibi
inocente	бейкүнөө	bejkynøø
injustiça (f)	адилетсиздик	adiletsizdik
injusto	адилетсиз	adiletsiz

criminal	кылмыштуу	kılmıſtuu
confiscar (vt)	тартып алуу	tartıp aluu
droga (f)	баңгизат	baŋgizat
arma (f)	курал	kural
desarmar (vt)	куралсыздандыруу	kuralsızdandıruu
ordenar (vt)	буйрук берүү	bujruk beryy
desaparecer (vi)	жоголуп кетүү	dʒogolup ketyy

lei (f)	мыйзам	mıjzam
legal	мыйзамдуу	mıjzamduu
ilegal	мыйзамдан тыш	mıjzamdan tıʃ

| responsabilidade (f) | жоопкерчилик | dʒoopkertʃilik |
| responsável | жоопкерчиликтүү | dʒoopkertʃiliktyy |

NATUREZA

A Terra. Parte 1

164. Espaço sideral

cosmos (m)	космос	kosmos
cósmico	космос	kosmos
espaço (m) cósmico	космос мейкиндиги	kosmos mejkindigi
mundo (m)	дүйнө	dyjnø
universo (m)	аалам	aalam
galáxia (f)	галактика	galaktika
estrela (f)	жылдыз	dʒıldız
constelação (f)	жылдыздар	dʒıldızdar
planeta (m)	планета	planeta
satélite (m)	жолдош	dʒoldoʃ
meteorito (m)	метеорит	meteorit
cometa (m)	комета	kometa
asteroide (m)	астероид	asteroid
órbita (f)	орбита	orbita
girar (vi)	айлануу	ajlanuu
atmosfera (f)	атмосфера	atmosfera
Sol (m)	күн	kyn
Sistema (m) Solar	күн системасы	kyn sisteması
eclipse (m) solar	күндүн тутулушу	kyndyn tutuluʃu
Terra (f)	Жер	dʒer
Lua (f)	Ай	aj
Marte (m)	Марс	mars
Vénus (f)	Венера	venera
Júpiter (m)	Юпитер	jʉpiter
Saturno (m)	Сатурн	saturn
Mercúrio (m)	Меркурий	merkurij
Urano (m)	Уран	uran
Neptuno (m)	Нептун	neptun
Plutão (m)	Плутон	pluton
Via Láctea (f)	Саманчынын жолу	samantʃının dʒolu
Ursa Maior (f)	Чоң Жетиген	tʃoŋ dʒetigen
Estrela Polar (f)	Полярдык Жылдыз	polʲardık dʒıldız
marciano (m)	марсианин	marsianin
extraterrestre (m)	инопланетянин	inoplanetʲanin

| alienígena (m) | келгин | kelgin |
| disco (m) voador | учуучу табак | utʃuutʃu tabak |

nave (f) espacial	космос кемеси	kosmos kemesi
estação (f) orbital	орбитадагы станция	orbitadagı stantsija
lançamento (m)	старт	start

motor (m)	кыймылдаткыч	kıjmıldatkıtʃ
bocal (m)	сопло	soplo
combustível (m)	күйүүчү май	kyjyytʃy may

cabine (f)	кабина	kabina
antena (f)	антенна	antenna
vigia (f)	иллюминатор	illuminator
bateria (f) solar	күн батареясы	kyn batarejası
traje (m) espacial	скафандр	skafandr

| imponderabilidade (f) | салмаксыздык | salmaksızdık |
| oxigénio (m) | кислород | kislorod |

| acoplagem (f) | жалгаштыруу | dʒalgaʃtıruu |
| fazer uma acoplagem | жалгаштыруу | dʒalgaʃtıruu |

observatório (m)	обсерватория	observatorija
telescópio (m)	телескоп	teleskop
observar (vt)	байкоо	bajkoo
explorar (vt)	изилдөө	izildøø

165. A Terra

Terra (f)	Жер	dʒer
globo terrestre (Terra)	жер шары	dʒer ʃarı
planeta (m)	планета	planeta

atmosfera (f)	атмосфера	atmosfera
geografia (f)	география	geografija
natureza (f)	табийгат	tabijgat

globo (mapa esférico)	глобус	globus
mapa (m)	карта	karta
atlas (m)	атлас	atlas

| Europa (f) | Европа | evropa |
| Ásia (f) | Азия | azija |

| África (f) | Африка | afrika |
| Austrália (f) | Австралия | avstralija |

América (f)	Америка	amerika
América (f) do Norte	Северная Америка	severnaja amerika
América (f) do Sul	Южная Америка	judʒnaja amerika

| Antártida (f) | Антарктида | antarktida |
| Ártico (m) | Арктика | arktika |

166. Pontos cardeais

norte (m)	түндүк	tyndyk
para norte	түндүккө	tyndykkø
no norte	түндүктө	tyndyktø
do norte	түндүк	tyndyk
sul (m)	түштүк	tyſtyk
para sul	түштүккө	tyſtykkø
no sul	түштүктө	tyſtyktø
do sul	түштүк	tyſtyk
oeste, ocidente (m)	батыш	batıʃ
para oeste	батышка	batıʃka
no oeste	батышта	batıʃta
ocidental	батыш	batıʃ
leste, oriente (m)	чыгыш	tʃıgıʃ
para leste	чыгышка	tʃıgıʃka
no leste	чыгышта	tʃıgıʃta
oriental	чыгыш	tʃıgıʃ

167. Mar. Oceano

mar (m)	деңиз	deŋiz
oceano (m)	мухит	muχit
golfo (m)	булуң	buluŋ
estreito (m)	кысык	kısık
terra (f) firme	жер	dʒer
continente (m)	материк	materik
ilha (f)	арал	aral
península (f)	жарым арал	dʒarım aral
arquipélago (m)	архипелаг	arχipelag
baía (f)	булуң	buluŋ
porto (m)	гавань	gavanʲ
lagoa (f)	лагуна	laguna
cabo (m)	тумшук	tumʃuk
atol (m)	атолл	atoll
recife (m)	риф	rif
coral (m)	маржан	mardʒan
recife (m) de coral	маржан рифи	mardʒan rifi
profundo	терең	tereŋ
profundidade (f)	тереңдик	tereŋdik
abismo (m)	түбү жок	tyby dʒok
fossa (f) oceânica	ойдуң	ojduŋ
corrente (f)	агым	agım
banhar (vt)	курчап туруу	kurtʃap turuu

| litoral (m) | жээк | dʒeek |
| costa (f) | жээк | dʒeek |

maré (f) alta	суунун көтөрүлүшү	suunun køtørylyʃy
refluxo (m), maré (f) baixa	суунун тартылуусу	suunun tartıluusu
restinga (f)	тайыздык	tajızdık
fundo (m)	суунун түбү	suunun tyby

onda (f)	толкун	tolkun
crista (f) da onda	толкундун кыры	tolkundun kırı
espuma (f)	көбүк	købyk

tempestade (f)	бороон чапкын	boroon ʧapkın
furacão (m)	бороон	boroon
tsunami (m)	цунами	tsunami
calmaria (f)	штиль	ʃtilʲ
calmo	тынч	tıntʃ

| polo (m) | уюл | ujʉl |
| polar | полярдык | polʲardık |

latitude (f)	кеңдик	keŋdik
longitude (f)	узундук	uzunduk
paralela (f)	параллель	parallelʲ
equador (m)	экватор	ekvator

céu (m)	асман	asman
horizonte (m)	горизонт	gorizont
ar (m)	аба	aba

farol (m)	маяк	majak
mergulhar (vi)	сүңгүү	syŋgyy
afundar-se (vr)	чөгүп кетүү	ʧøgyp ketyy
tesouros (m pl)	казына	kazına

168. Montanhas

montanha (f)	тоо	too
cordilheira (f)	тоо тизмеги	too tizmegi
serra (f)	тоо кыркалары	too kırkaları

cume (m)	чоку	ʧoku
pico (m)	чоку	ʧoku
sopé (m)	тоо этеги	too etegi
declive (m)	эңкейиш	eŋkejiʃ

vulcão (m)	вулкан	vulkan
vulcão (m) ativo	күйүп жаткан	kyjyp dʒatkan
vulcão (m) extinto	өчүп калган вулкан	øʧyp kalgan vulkan

erupção (f)	атырылып чыгуу	atırılıp ʧıguu
cratera (f)	кратер	krater
magma (m)	магма	magma
lava (f)	лава	lava

fundido (lava ~a)	кызыган	kızıgan
desfiladeiro (m)	каньон	kanʲon
garganta (f)	капчыгай	kaptʃɯgaj
fenda (f)	жарака	dʒaraka
precipício (m)	жар	dʒar
passo, colo (m)	ашуу	aʃuu
planalto (m)	дөңсөө	døŋsøø
falésia (f)	зоока	zooka
colina (f)	дөбө	døbø
glaciar (m)	муз	muz
queda (f) d'água	шаркыратма	ʃarkıratma
géiser (m)	гейзер	gejzer
lago (m)	көл	køl
planície (f)	түздүк	tyzdyk
paisagem (f)	теребел	terebel
eco (m)	жаңырык	dʒaŋırık
alpinista (m)	альпинист	alʲpinist
escalador (m)	скалолаз	skalolaz
conquistar (vt)	багындыруу	bagındıruu
subida, escalada (f)	тоонун чокусуна чыгуу	toonun tʃokusuna tʃıguu

169. Rios

rio (m)	дарыя	darıja
fonte, nascente (f)	булак	bulak
leito (m) do rio	сай	saj
bacia (f)	бассейн	bassejn
desaguar no …	… куюу	… kujʉu
afluente (m)	куйма	kujma
margem (do rio)	жээк	dʒeek
corrente (f)	агым	agım
rio abaixo	агым боюнча	agım bojuntʃa
rio acima	агымга каршы	agımga karʃı
inundação (f)	ташкын	taʃkın
cheia (f)	суу ташкыны	suu taʃkını
transbordar (vi)	дайранын ташышы	dajranın taʃıʃı
inundar (vt)	суу каптоо	suu kaptoo
banco (m) de areia	тайыздык	tajızdık
rápidos (m pl)	босого	bosogo
barragem (f)	тогоон	togoon
canal (m)	канал	kanal
reservatório (m) de água	суу сактагыч	suu saktagıtʃ
eclusa (f)	шлюз	ʃlʉz
corpo (m) de água	көлмө	kølmø
pântano (m)	саз	saz

| tremedal (m) | баткак | batkak |
| remoinho (m) | айлампа | ajlampa |

arroio, regato (m)	суу	suu
potável	ичилчү суу	itʃiltʃy suu
doce (água)	тузсуз	tuzsuz

| gelo (m) | муз | muz |
| congelar-se (vr) | тоңуп калуу | toŋup kaluu |

170. Floresta

| floresta (f), bosque (m) | токой | tokoj |
| florestal | токойлуу | tokojluu |

mata (f) cerrada	чытырман токой	tʃɪtɪrman tokoj
arvoredo (m)	токойчо	tokojtʃo
clareira (f)	аянт	ajant

| matagal (m) | бадал | badal |
| mato (m) | бадал | badal |

| vereda (f) | чыйыр жол | tʃɪjɪr dʒol |
| ravina (f) | жар | dʒar |

árvore (f)	дарак	darak
folha (f)	жалбырак	dʒalbɪrak
folhagem (f)	жалбырак	dʒalbɪrak

queda (f) das folhas	жалбырак түшүү мезгили	dʒalbɪrak tyʃyy mezgili
cair (vi)	түшүү	tyʃyy
topo (m)	чоку	tʃoku

ramo (m)	бутак	butak
galho (m)	бутак	butak
botão, rebento (m)	бүчүр	bytʃyr
agulha (f)	ийне	ijne
pinha (f)	тобурчак	toburtʃak

buraco (m) de árvore	көңдөй	køŋdøj
ninho (m)	уя	uja
toca (f)	ийин	ijin

tronco (m)	сөңгөк	søŋgøk
raiz (f)	тамыр	tamɪr
casca (f) de árvore	кыртыш	kɪrtɪʃ
musgo (m)	мох	moχ

arrancar pela raiz	дүмүрүн казуу	dymyryn kazuu
cortar (vt)	кыюу	kɪjʉu
desflorestar (vt)	токойду кыюу	tokojdu kɪjʉu
toco, cepo (m)	дүмүр	dymyr
fogueira (f)	от	ot
incêndio (m) florestal	өрт	ørt

apagar (vt)	өчүргүү	øtʃyryy
guarda-florestal (m)	токойчу	tokojtʃu
proteção (f)	өсүмдүктөрдү коргоо	øsymdyktørdy korgoo
proteger (a natureza)	сактоо	saktoo
caçador (m) furtivo	браконьер	brakonjer
armadilha (f)	капкан	kapkan
colher (cogumelos)	терүү	teryy
colher (bagas)	терүү	teryy
perder-se (vr)	адашып кетүү	adaʃıp ketyy

171. Recursos naturais

recursos (m pl) naturais	жаратылыш байлыктары	dʒaratılıʃ bajlıktarı
minerais (m pl)	пайдалуу кендер	pajdaluu kender
depósitos (m pl)	кен	ken
jazida (f)	кендүү жер	kendyy dʒer
extrair (vt)	казуу	kazuu
extração (f)	казуу	kazuu
minério (m)	кен	ken
mina (f)	шахта	ʃaχta
poço (m) de mina	шахта	ʃaχta
mineiro (m)	кенчи	kentʃi
gás (m)	газ	gaz
gasoduto (m)	газопровод	gazoprovod
petróleo (m)	мунайзат	munajzat
oleoduto (m)	мунайзар түтүгү	munajzar tytygy
poço (m) de petróleo	мунайзат скважинасы	munajzat skvadʒinası
torre (f) petrolífera	мунайзат мунарасы	munajzat munarası
petroleiro (m)	танкер	tanker
areia (f)	кум	kum
calcário (m)	акиташ	akitaʃ
cascalho (m)	шагыл	ʃagıl
turfa (f)	торф	torf
argila (f)	ылай	ılaj
carvão (m)	көмүр	kømyr
ferro (m)	темир	temir
ouro (m)	алтын	altın
prata (f)	күмүш	kymyʃ
níquel (m)	никель	nikelʲ
cobre (m)	жез	dʒez
zinco (m)	цинк	tsınk
manganês (m)	марганец	marganets
mercúrio (m)	сымап	sımap
chumbo (m)	коргошун	korgoʃun
mineral (m)	минерал	mineral
cristal (m)	кристалл	kristall

mármore (m)	**мрамор**	mramor
urânio (m)	**уран**	uran

A Terra. Parte 2

172. Tempo

tempo (m)	аба-ырайы	aba-ırajı
previsão (f) do tempo	аба-ырайы боюнча маалымат	aba-ırajı bojuntʃa maalımat
temperatura (f)	температура	temperatura
termómetro (m)	термометр	termometr
barómetro (m)	барометр	barometr
húmido	нымдуу	nımduu
humidade (f)	ным	nım
calor (m)	ысык	ısık
cálido	кыйын ысык	kıjın ısık
está muito calor	ысык	ısık
está calor	жылуу	dʒıluu
quente	жылуу	dʒıluu
está frio	суук	suuk
frio	суук	suuk
sol (m)	күн	kyn
brilhar (vi)	күн тийүү	kyn tijyy
de sol, ensolarado	күн ачык	kyn atʃık
nascer (vi)	чыгуу	tʃıguu
pôr-se (vr)	батуу	batuu
nuvem (f)	булут	bulut
nublado	булуттуу	buluttuu
nuvem (f) preta	булут	bulut
escuro, cinzento	күн бүркөк	kyn byrkøk
chuva (f)	жамгыр	dʒamgır
está a chover	жамгыр жаап жатат	dʒamgır dʒaap dʒatat
chuvoso	жаандуу	dʒaanduu
chuviscar (vi)	дыбыратуу	dıbıratuu
chuva (f) torrencial	нөшөрлөгөн жаан	nøʃørløgøn dʒaan
chuvada (f)	нөшөр	nøʃør
forte (chuva)	катуу	katuu
poça (f)	көлчүк	køltʃyk
molhar-se (vr)	суу болуу	suu boluu
nevoeiro (m)	туман	tuman
de nevoeiro	тумандуу	tumanduu
neve (f)	кар	kar
está a nevar	кар жаап жатат	kar dʒaap dʒatat

173. Tempo extremo. Catástrofes naturais

trovoada (f)	чагылгандуу жаан	tʃagılganduu dʒaan
relâmpago (m)	чагылган	tʃagılgan
relampejar (vi)	жарк этүү	dʒark etyy
trovão (m)	күн күркүрөө	kyn kyrkyrøø
trovejar (vi)	күн күркүрөө	kyn kyrkyrøø
está a trovejar	күн күркүрөп жатат	kyn kyrkyrøp dʒatat
granizo (m)	мөндүр	møndyr
está a cair granizo	мөндүр түшүп жатат	møndyr tyʃyp dʒatat
inundar (vt)	суу каптоо	suu kaptoo
inundação (f)	ташкын	taʃkın
terremoto (m)	жер титирөө	dʒer titirøø
abalo, tremor (m)	жердин силкиниши	dʒerdin silkiniʃi
epicentro (m)	эпицентр	epitsentr
erupção (f)	атырылып чыгуу	atırılıp tʃıguu
lava (f)	лава	lava
turbilhão (m)	куюн	kujʉn
tornado (m)	торнадо	tornado
tufão (m)	тайфун	tajfun
furacão (m)	бороон	boroon
tempestade (f)	бороон чапкын	boroon tʃapkın
tsunami (m)	цунами	tsunami
ciclone (m)	циклон	tsıklon
mau tempo (m)	жаан-чачындуу күн	dʒaan-tʃatʃınduu kyn
incêndio (m)	өрт	ørt
catástrofe (f)	кыйроо	kıjroo
meteorito (m)	метеорит	meteorit
avalanche (f)	көчкү	køtʃky
deslizamento (m) de neve	кар көчкүсү	kar køtʃkysy
nevasca (f)	кар бороону	kar boroonu
tempestade (f) de neve	бурганак	burganak

Fauna

174. Mamíferos. Predadores

predador (m)	жырткыч	dʒɪrtkɪʧ
tigre (m)	жолборс	dʒolbors
leão (m)	арстан	arstan
lobo (m)	карышкыр	karıʃkır
raposa (f)	түлкү	tylky

jaguar (m)	ягуар	jaguar
leopardo (m)	леопард	leopard
chita (f)	гепард	gepard

pantera (f)	пантера	pantera
puma (m)	пума	puma
leopardo-das-neves (m)	илбирс	ilbirs
lince (m)	сүлөөсүн	syløøsyn

coiote (m)	койот	kojot
chacal (m)	чөө	ʧøø
hiena (f)	гиена	giena

175. Animais selvagens

animal (m)	жаныбар	dʒanıbar
besta (f)	жапайы жаныбар	dʒapajı dʒanıbar

esquilo (m)	тыйын чычкан	tıjın ʧıʧkan
ouriço (m)	кирпичечен	kirpiʧeʧen
lebre (f)	коен	koen
coelho (m)	коен	koen

texugo (m)	кашкулак	kaʃkulak
guaxinim (m)	енот	enot
hamster (m)	хомяк	χomʲak
marmota (f)	суур	suur

toupeira (f)	момолой	momoloj
rato (m)	чычкан	ʧıʧkan
ratazana (f)	келемиш	kelemiʃ
morcego (m)	жарганат	dʒarganat

arminho (m)	арс чычкан	ars ʧıʧkan
zibelina (f)	киш	kiʃ
marta (f)	суусар	suusar
doninha (f)	ласка	laska
vison (m)	норка	norka

castor (m)	кемчет	kemtʃet
lontra (f)	кундуз	kunduz
cavalo (m)	жылкы	dʒɪlkɪ
alce (m)	багыш	bagɪʃ
veado (m)	бугу	bugu
camelo (m)	төө	tøø
bisão (m)	бизон	bizon
auroque (m)	зубр	zubr
búfalo (m)	буйвол	bujvol
zebra (f)	зебра	zebra
antílope (m)	антилопа	antilopa
corça (f)	элик	elik
gamo (m)	лань	lanʲ
camurça (f)	жейрен	dʒejren
javali (m)	каман	kaman
baleia (f)	кит	kit
foca (f)	тюлень	tʉlenʲ
morsa (f)	морж	mordʒ
urso-marinho (m)	деңиз мышыгы	deŋiz mɪʃɪgɪ
golfinho (m)	дельфин	delʲfin
urso (m)	аюу	ajʉu
urso (m) branco	ак аюу	ak ajʉu
panda (m)	панда	panda
macaco (em geral)	маймыл	majmɪl
chimpanzé (m)	шимпанзе	ʃimpanze
orangotango (m)	орангутанг	orangutang
gorila (m)	горилла	gorilla
macaco (m)	макака	makaka
gibão (m)	гиббон	gibbon
elefante (m)	пил	pil
rinoceronte (m)	керик	kerik
girafa (f)	жираф	dʒiraf
hipopótamo (m)	бегемот	begemot
canguru (m)	кенгуру	kenguru
coala (m)	коала	koala
mangusto (m)	мангуст	mangust
chinchila (m)	шиншилла	ʃinʃilla
doninha-fedorenta (f)	скунс	skuns
porco-espinho (m)	чүткөр	tʃytkør

176. Animais domésticos

gata (f)	ургаачы мышык	urgaatʃɪ mɪʃɪk
gato (m) macho	эркек мышык	erkek mɪʃɪk
cão (m)	ит	it

cavalo (m)	жылкы	dʒɪlkɪ
garanhão (m)	айгыр	ajgɪr
égua (f)	бээ	bee
vaca (f)	уй	uj
touro (m)	бука	buka
boi (m)	өгүз	øgyz
ovelha (f)	кой	koj
carneiro (m)	кочкор	kotʃkor
cabra (f)	эчки	etʃki
bode (m)	теке	teke
burro (m)	эшек	eʃek
mula (f)	качыр	katʃɪr
porco (m)	чочко	tʃotʃko
leitão (m)	торопой	toropoj
coelho (m)	коён	koen
galinha (f)	тоок	took
galo (m)	короз	koroz
pata (f)	өрдөк	ørdøk
pato (macho)	эркек өрдөк	erkek ørdøk
ganso (m)	каз	kaz
peru (m)	күрп	kyrp
perua (f)	ургаачы күрп	urgaatʃɪ kyrp
animais (m pl) domésticos	үй жаныбарлары	yj dʒanɪbarlarɪ
domesticado	колго үйрөтүлгөн	kolgo yjrøtylgøn
domesticar (vt)	колго үйрөтүү	kolgo yjrøtyy
criar (vt)	өстүрүү	østyryy
quinta (f)	ферма	ferma
aves (f pl) domésticas	үй канаттулары	yj kanattularɪ
gado (m)	мал	mal
rebanho (m), manada (f)	бада	bada
estábulo (m)	аткана	atkana
pocilga (f)	чочкокана	tʃotʃkokana
estábulo (m)	уйкана	ujkana
coelheira (f)	коёнкана	koenkana
galinheiro (m)	тоокана	tookana

177. Cães. Raças de cães

cão (m)	ит	it
cão pastor (m)	овчарка	ovtʃarka
pastor-alemão (m)	немис овчаркасы	nemis ovtʃarkasɪ
caniche (m)	пудель	pudelʲ
teckel (m)	такса	taksa
buldogue (m)	бульдог	bulʲdog

boxer (m)	боксёр	boks¹or
mastim (m)	мастиф	mastif
rottweiler (m)	ротвейлер	rotvejler
dobermann (m)	доберман	doberman
basset (m)	бассет	basset
pastor inglês (m)	бобтейл	bobtejl
dálmata (m)	далматинец	dalmatinets
cocker spaniel (m)	кокер-спаниэль	koker-spaniel¹
terra-nova (m)	ньюфаундленд	njɯfaundlend
são-bernardo (m)	сенбернар	senbernar
husky (m)	хаски	χaski
Chow-chow (m)	чау-чау	ʧau-ʧau
spitz alemão (m)	шпиц	ʃpits
carlindogue (m)	мопс	mops

178. Sons produzidos pelos animais

latido (m)	үрүү	yryy
latir (vi)	үрүү	yryy
miar (vi)	миёлоо	mijoloo
ronronar (vi)	мырылдоо	mırıldoo
mugir (vaca)	маароо	maaroo
bramir (touro)	өкүрүү	økyryy
rosnar (vi)	ырылдоо	ırıldoo
uivo (m)	уулуу	uuluu
uivar (vi)	уулуу	uuluu
ganir (vi)	кыңшылоо	kıŋʃıloo
balir (vi)	маароо	maaroo
grunhir (porco)	коркулдоо	korkuldoo
guinchar (vi)	чаңыруу	ʧaŋıruu
coaxar (sapo)	чардоо	ʧardoo
zumbir (inseto)	зыңылдоо	zıŋıldoo
estridular, ziziar (vi)	чырылдоо	ʧırıldoo

179. Pássaros

pássaro (m), ave (f)	куш	kuʃ
pombo (m)	көгүчкөн	køgyʧkøn
pardal (m)	таранчы	taranʧı
chapim-real (m)	синица	sinitsa
pega-rabuda (f)	сагызган	sagızgan
corvo (m)	кузгун	kuzgun
gralha (f) cinzenta	карга	karga
gralha-de-nuca-cinzenta (f)	таан	taan

gralha-calva (f)	чаркарга	tʃarkarga
pato (m)	өрдөк	ørdøk
ganso (m)	каз	kaz
faisão (m)	кыргоол	kırgool
águia (f)	бүркүт	byrkyt
açor (m)	ителги	itelgi
falcão (m)	шумкар	ʃumkar
abutre (m)	жору	dʒoru
condor (m)	кондор	kondor
cisne (m)	аккуу	akkuu
grou (m)	турна	turna
cegonha (f)	илегилек	ilegilek
papagaio (m)	тотукуш	totukuʃ
beija-flor (m)	колибри	kolibri
pavão (m)	тоос	toos
avestruz (m)	төө куш	tøø kuʃ
garça (f)	көк кытан	køk kıtan
flamingo (m)	фламинго	flamingo
pelicano (m)	биргазан	birgazan
rouxinol (m)	булбул	bulbul
andorinha (f)	чабалекей	tʃabalekej
tordo-zornal (m)	таркылдак	tarkıldak
tordo-músico (m)	сайрагыч таркылдак	sajragıtʃ tarkıldak
melro-preto (m)	кара таңдай таркылдак	kara taŋdaj tarkıldak
andorinhão (m)	кардыгач	kardıgatʃ
cotovia (f)	торгой	torgoj
codorna (f)	бөдөнө	bødønø
pica-pau (m)	тоңкулдак	toŋkuldak
cuco (m)	күкүк	kykyk
coruja (f)	мыкый үкү	mıkıj yky
corujão, bufo (m)	үкү	yky
tetraz-grande (m)	керең кур	kereŋ kur
tetraz-lira (m)	кара кур	kara kur
perdiz-cinzenta (f)	кекилик	kekilik
estorninho (m)	чыйырчык	tʃijırtʃık
canário (m)	канарейка	kanarejka
galinha-do-mato (f)	токой чили	tokoj tʃili
tentilhão (m)	зяблик	zʲablik
dom-fafe (m)	снегирь	snegirʲ
gaivota (f)	ак чардак	ak tʃardak
albatroz (m)	альбатрос	alʲbatros
pinguim (m)	пингвин	pingvin

180. Pássaros. Canto e sons

cantar (vi)	сайроо	sajroo
gritar (vi)	кыйкыруу	kıjkıruu
cantar (o galo)	"күкирику" деп кыйкыруу	kykiriky' dep kıjkıruu
cocorocó (m)	күкирику	kykiriky
cacarejar (vi)	какылдоо	kakıldoo
crocitar (vi)	каркылдоо	karkıldoo
grasnar (vi)	бакылдоо	bakıldoo
piar (vi)	чыйылдоо	tʃıjıldoo
chilrear, gorjear (vi)	чырылдоо	tʃırıldoo

181. Peixes. Animais marinhos

brema (f)	лещ	leʃtʃ
carpa (f)	карп	karp
perca (f)	окунь	okunʲ
siluro (m)	жаян	dʒajan
lúcio (m)	чортон	tʃorton
salmão (m)	лосось	lososʲ
esturjão (m)	осётр	osʲotr
arenque (m)	сельдь	selʲdʲ
salmão (m)	сёмга	sʲomga
cavala, sarda (f)	скумбрия	skumbrija
solha (f)	камбала	kambala
lúcio perca (m)	судак	sudak
bacalhau (m)	треска	treska
atum (m)	тунец	tunets
truta (f)	форель	forelʲ
enguia (f)	угорь	ugorʲ
raia elétrica (f)	скат	skat
moreia (f)	мурена	murena
piranha (f)	пиранья	piranja
tubarão (m)	акула	akula
golfinho (m)	дельфин	delʲfin
baleia (f)	кит	kit
caranguejo (m)	краб	krab
medusa, alforreca (f)	медуза	meduza
polvo (m)	сегиз бут	segiz but
estrela-do-mar (f)	деңиз жылдызы	deŋiz dʒıldızı
ouriço-do-mar (m)	деңиз кирписи	deŋiz kirpisi
cavalo-marinho (m)	деңиз тайы	deŋiz tajı
ostra (f)	устрица	ustritsa
camarão (m)	креветка	krevetka

| lavagante (m) | омар | omar |
| lagosta (f) | лангуст | langust |

182. Amfíbios. Répteis

| serpente, cobra (f) | жылан | dʒɩlan |
| venenoso | уулуу | uuluu |

víbora (f)	кара чаар жылан	kara tʃaar dʒɩlan
cobra-capelo, naja (f)	кобра	kobra
pitão (m)	питон	piton
jiboia (f)	удав	udav

cobra-de-água (f)	сары жылан	sarı dʒɩlan
cascavel (f)	шакылдак жылан	ʃakɩldak dʒɩlan
anaconda (f)	анаконда	anakonda

lagarto (m)	кескелдирик	keskeldirik
iguana (f)	игуана	iguana
varano (m)	эчкемер	etʃkemer
salamandra (f)	саламандра	salamandra
camaleão (m)	хамелеон	χameleon
escorpião (m)	чаян	tʃajan

tartaruga (f)	ташбака	taʃbaka
rã (f)	бака	baka
sapo (m)	курбака	kurbaka
crocodilo (m)	крокодил	krokodil

183. Insetos

inseto (m)	курт-кумурска	kurt-kumurska
borboleta (f)	көпөлөк	køpøløk
formiga (f)	кумурска	kumurska
mosca (f)	чымын	tʃɩmɩn
mosquito (m)	чиркей	tʃirkej
escaravelho (m)	коңуз	koŋuz

vespa (f)	аары	aarı
abelha (f)	бал аары	bal aarı
mamangava (f)	жапан аары	dʒapan aarı
moscardo (m)	көгөөн	køgøøn

| aranha (f) | жөргөмүш | dʒørgømyʃ |
| teia (f) de aranha | желе | dʒele |

libélula (f)	ийнелик	ijnelik
gafanhoto-do-campo (m)	чегиртке	tʃegirtke
traça (f)	көпөлөк	køpøløk

| barata (f) | таракан | tarakan |
| carraça (f) | кене | kene |

pulga (f)	бүргө	byrgø
borrachudo (m)	майда чымын	majda tʃïmïn
gafanhoto (m)	чегиртке	tʃegirtke
caracol (m)	үлүл	ylyl
grilo (m)	кара чегиртке	kara tʃegirtke
pirilampo (m)	жалтырак коңуз	dʒaltïrak koŋuz
joaninha (f)	айланкөчөк	ajlankøtʃøk
besouro (m)	саратан коңуз	saratan koŋuz
sanguessuga (f)	сүлүк	sylyk
lagarta (f)	каз таман	kaz taman
minhoca (f)	жер курту	dʒer kurtu
larva (f)	курт	kurt

184. Animais. Partes do corpo

bico (m)	тумшук	tumʃuk
asas (f pl)	канаттар	kanattar
pata (f)	чеңгел	tʃeŋgel
plumagem (f)	куштун жүнү	kuʃtun dʒyny
pena, pluma (f)	канат	kanat
crista (f)	көкүлчө	køkyltʃø
brânquias, guelras (f pl)	бакалоор	bakaloor
ovas (f pl)	балык уругу	balïk urugu
larva (f)	курт	kurt
barbatana (f)	сүзгүч	syzgytʃ
escama (f)	кабырчык	kabïrtʃïk
canino (m)	азуу тиш	azuu tiʃ
pata (f)	таман	taman
focinho (m)	тумшук	tumʃuk
boca (f)	ооз	ooz
cauda (f), rabo (m)	куйрук	kujruk
bigodes (m pl)	мурут	murut
casco (m)	туяк	tujak
corno (m)	мүйүз	myjyz
carapaça (f)	калканч	kalkantʃ
concha (f)	үлүл кабыгы	ylyl kabïgï
casca (f) de ovo	кабык	kabïk
pelo (m)	жүн	dʒyn
pele (f), couro (m)	тери	teri

185. Animais. Habitats

hábitat	жашоо чөйрөсү	dʒaʃoo tʃøjrøsy
migração (f)	миграция	migratsija
montanha (f)	тоо	too

recife (m)	**риф**	rif
falésia (f)	**зоока**	zooka
floresta (f)	**токой**	tokoj
selva (f)	**джунгли**	dʒungli
savana (f)	**саванна**	savanna
tundra (f)	**тундра**	tundra
estepe (f)	**талаа**	talaa
deserto (m)	**чөл**	t͡ʃøl
oásis (m)	**оазис**	oazis
mar (m)	**деңиз**	deŋiz
lago (m)	**көл**	køl
oceano (m)	**мухит**	muχit
pântano (m)	**саз**	saz
de água doce	**тузсуз суулу көл**	tuzsuz suulu køl
lagoa (f)	**жасалма көлмө**	dʒasalma kølmø
rio (m)	**дарыя**	darıja
toca (f) do urso	**ийин**	ijin
ninho (m)	**уя**	uja
buraco (m) de árvore	**көңдөй**	køŋdøj
toca (f)	**ийин**	ijin
formigueiro (m)	**кумурска уюгу**	kumurska ujʉgu

Flora

186. Árvores

árvore (f)	дарак	darak
decídua	жалбырактуу	dʒalbıraktuu
conífera	ийне жалбырактуулар	ijne dʒalbıraktuular
perene	дайым жашыл	dajım dʒaʃıl
macieira (f)	алма бак	alma bak
pereira (f)	алмурут бак	almurut bak
cerejeira (f)	гилас	gilas
ginjeira (f)	алча	altʃa
ameixeira (f)	кара өрүк	kara øryk
bétula (f)	ак кайың	ak kajıŋ
carvalho (m)	эмен	emen
tília (f)	жеке дарак	dʒøkø darak
choupo-tremedor (m)	бай терек	baj terek
bordo (m)	клён	klʲon
espruce-europeu (m)	кара карагай	kara karagaj
pinheiro (m)	карагай	karagaj
alerce, lariço (m)	лиственница	listvennitsa
abeto (m)	пихта	piχta
cedro (m)	кедр	kedr
choupo, álamo (m)	терек	terek
tramazeira (f)	четин	tʃetin
salgueiro (m)	мажүрүм тал	madʒyrym tal
amieiro (m)	ольха	olʲχa
faia (f)	бук	buk
ulmeiro (m)	кара жыгач	kara dʒıgatʃ
freixo (m)	ясень	jasenʲ
castanheiro (m)	каштан	kaʃtan
magnólia (f)	магнолия	magnolija
palmeira (f)	пальма	palʲma
cipreste (m)	кипарис	kiparis
mangue (m)	мангро дарагы	mangro daragı
embondeiro, baobá (m)	баобаб	baobab
eucalipto (m)	эвкалипт	evkalipt
sequoia (f)	секвойя	sekvoja

187. Arbustos

arbusto (m)	бадал	badal
arbusto (m), moita (f)	бадал	badal

| videira (f) | жүзүм | dʒyzym |
| vinhedo (m) | жүзүмдүк | dʒyzymdyk |

framboeseira (f)	дан куурай	dan kuuraj
groselheira-preta (f)	кара карагат	kara karagat
groselheira-vermelha (f)	кызыл карагат	kızıl karagat
groselheira (f) espinhosa	крыжовник	krıdʒovnik

acácia (f)	акация	akatsija
bérberis (f)	бөрү карагат	børy karagat
jasmim (m)	жасмин	dʒasmin

junípero (m)	кара арча	kara artʃa
roseira (f)	роза бадалы	roza badalı
roseira (f) brava	ит мурун	it murun

188. Cogumelos

cogumelo (m)	козу карын	kozu karın
cogumelo (m) comestível	желе турган козу карын	dʒele turgan kozu karın
cogumelo (m) venenoso	уулуу козу карын	uuluu kozu karın
chapéu (m)	козу карындын телпеги	kozu karındın telpegi
pé, caule (m)	аякчасы	ajaktʃası

boleto (m)	ак козу карын	ak kozu karın
boleto (m) alaranjado	подосиновик	podosinovik
míscaro (m) das bétulas	подберёзовик	podberʲozovik
cantarela (f)	лисичка	lisitʃka
rússula (f)	сыроежка	sıroedʒka

morchella (f)	сморчок	smortʃok
agário-das-moscas (m)	мухомор	muxomor
cicuta (f) verde	поганка	poganka

189. Frutos. Bagas

| fruta (f) | мөмө-жемиш | mømø-dʒemiʃ |
| frutas (f pl) | мөмө-жемиш | mømø-dʒemiʃ |

maçã (f)	алма	alma
pera (f)	алмурут	almurut
ameixa (f)	кара өрүк	kara øryk

morango (m)	кулпунай	kulpunaj
ginja (f)	алча	altʃa
cereja (f)	гилас	gilas
uva (f)	жүзүм	dʒyzym

framboesa (f)	дан куурай	dan kuuraj
groselha (f) preta	кара карагат	kara karagat
groselha (f) vermelha	кызыл карагат	kızıl karagat
groselha (f) espinhosa	крыжовник	krıdʒovnik

oxicoco (m)	клюква	klukva
laranja (f)	апельсин	apelʲsin
tangerina (f)	мандарин	mandarin
ananás (m)	ананас	ananas
banana (f)	банан	banan
tâmara (f)	курма	kurma
limão (m)	лимон	limon
damasco (m)	өрүк	øryk
pêssego (m)	шабдаалы	ʃabdaalı
kiwi (m)	киви	kivi
toranja (f)	грейпфрут	grejpfrut
baga (f)	жер жемиш	dʒer dʒemiʃ
bagas (f pl)	жер жемиштер	dʒer dʒemiʃter
arando (m) vermelho	брусника	brusnika
morango-silvestre (m)	кызылгат	kızılgat
mirtilo (m)	кара моюл	kara mojul

190. Flores. Plantas

flor (f)	гүл	gyl
ramo (m) de flores	десте	deste
rosa (f)	роза	roza
tulipa (f)	жоогазын	dʒoogazın
cravo (m)	гвоздика	gvozdika
gladíolo (m)	гладиолус	gladiolus
centáurea (f)	ботокөз	botokøz
campânula (f)	коңгуроо гүл	koŋguroo gyl
dente-de-leão (m)	каакым-кукум	kaakım-kukum
camomila (f)	ромашка	romaʃka
aloé (m)	алоэ	aloe
cato (m)	кактус	kaktus
fícus (m)	фикус	fikus
lírio (m)	лилия	lilija
gerânio (m)	герань	geranʲ
jacinto (m)	гиацинт	giatsint
mimosa (f)	мимоза	mimoza
narciso (m)	нарцисс	nartsiss
capuchinha (f)	настурция	nasturtsija
orquídea (f)	орхидея	orχideja
peónia (f)	пион	pion
violeta (f)	бинапша	binapʃa
amor-perfeito (m)	алагүл	alagyl
não-me-esqueças (m)	незабудка	nezabudka
margarida (f)	маргаритка	margaritka
papoula (f)	кызгалдак	kızgaldak

| cânhamo (m) | наша | naʃa |
| hortelã (f) | жалбыз | dʒalbız |

| lírio-do-vale (m) | ландыш | landıʃ |
| campânula-branca (f) | байчечекей | bajtʃetʃekej |

urtiga (f)	чалкан	tʃalkan
azeda (f)	ат кулак	at kulak
nenúfar (m)	чөмүч баш	tʃømytʃ baʃ
feto (m), samambaia (f)	папоротник	paporotnik
líquen (m)	лишайник	liʃajnik

estufa (f)	күнөскана	kynøskana
relvado (m)	газон	gazon
canteiro (m) de flores	клумба	klumba

planta (f)	өсүмдүк	øsymdyk
erva (f)	чөп	tʃøp
folha (f) de erva	бир тал чөп	bir tal tʃøp

folha (f)	жалбырак	dʒalbırak
pétala (f)	гүлдүн желекчеси	gyldyn dʒelektʃesi
talo (m)	сабак	sabak
tubérculo (m)	жемиш тамыр	dʒemiʃ tamır

| broto, rebento (m) | өсмө | øsmø |
| espinho (m) | тикен | tiken |

florescer (vi)	гүлдөө	gyldøø
murchar (vi)	соолуу	sooluu
cheiro (m)	жыт	dʒıt
cortar (flores)	кесүү	kesyy
colher (uma flor)	үзүү	yzyy

191. Cereais, grãos

grão (m)	дан	dan
cereais (plantas)	дан эгиндери	dan eginderi
espiga (f)	машак	maʃak

trigo (m)	буудай	buudaj
centeio (m)	кара буудай	kara buudaj
aveia (f)	сулу	sulu
milho-miúdo (m)	таруу	taruu
cevada (f)	арпа	arpa
milho (m)	жүгөрү	dʒygøry
arroz (m)	күрүч	kyrytʃ
trigo-sarraceno (m)	гречиха	gretʃixa

ervilha (f)	нокот	nokot
feijão (m)	төө буурчак	tøø buurtʃak
soja (f)	соя	soja
lentilha (f)	жасмык	dʒasmık
fava (f)	буурчак	buurtʃak

GEOGRAFIA REGIONAL

Países. Nacionalidades

192. Política. Governo. Parte 1

política (f)	саясат	sajasat
político	саясий	sajasij
político (m)	саясатчы	sajasattʃı
estado (m)	мамлекет	mamleket
cidadão (m)	жаран	dʒaran
cidadania (f)	жарандык	dʒarandık
brasão (m) de armas	улуттук герб	uluttuk gerb
hino (m) nacional	мамлекеттик гимн	mamlekettik gimn
governo (m)	өкмөт	økmøt
Chefe (m) de Estado	мамлекет башчысы	mamleket baʃtʃısı
parlamento (m)	парламент	parlament
partido (m)	партия	partija
capitalismo (m)	капитализм	kapitalizm
capitalista	капиталистик	kapitalistik
socialismo (m)	социализм	sotsializm
socialista	социалистик	sotsialistik
comunismo (m)	коммунизм	kommunizm
comunista	коммунистик	kommunistik
comunista (m)	коммунист	kommunist
democracia (f)	демократия	demokratija
democrata (m)	демократ	demokrat
democrático	демократиялык	demokratijalık
Partido (m) Democrático	демократиялык партия	demokratijalık partija
liberal (m)	либерал	liberal
liberal	либералдык	liberaldık
conservador (m)	консерватор	konservator
conservador	консервативдик	konservativdik
república (f)	республика	respublika
republicano (m)	республикачы	respublikatʃı
Partido (m) Republicano	республикалык	respublikalık
eleições (f pl)	шайлоо	ʃajloo
eleger (vt)	шайлоо	ʃajloo

| eleitor (m) | шайлоочу | ʃajlootʃu |
| campanha (f) eleitoral | шайлоо кампаниясы | ʃajloo kampanijası |

votação (f)	добуш	dobuʃ
votar (vi)	добуш берүү	dobuʃ beryy
direito (m) de voto	добуш берүү укугу	dobuʃ beryy ukugu

candidato (m)	талапкер	talapker
candidatar-se (vi)	талапкерлигин көрсөтүү	talapkerligin kørsøtyy
campanha (f)	кампания	kampanija

| da oposição | оппозициялык | oppozitsijalık |
| oposição (f) | оппозиция | oppozitsija |

visita (f)	визит	vizit
visita (f) oficial	расмий визит	rasmij vizit
internacional	эл аралык	el aralık

| negociações (f pl) | сүйлөшүүлөр | syjløʃyylør |
| negociar (vi) | сүйлөшүүлөр жүргүзүү | syjløʃyylør dʒyrgyzyy |

193. Política. Governo. Parte 2

sociedade (f)	коом	koom
constituição (f)	конституция	konstitutsija
poder (ir para o ~)	бийлик	bijlik
corrupção (f)	коррупция	korruptsija

| lei (f) | мыйзам | mıjzam |
| legal | мыйзамдуу | mıjzamduu |

| justiça (f) | адилеттик | adilettik |
| justo | адилеттүү | adilettyy |

comité (m)	комитет	komitet
projeto-lei (m)	мыйзам долбоору	mıjzam dolbooru
orçamento (m)	бюджет	bʉdʒet
política (f)	саясат	sajasat
reforma (f)	реформа	reforma
radical	радикалдуу	radikalduu

força (f)	күч	kytʃ
poderoso	кудуреттүү	kudurettyy
partidário (m)	жактоочу	dʒaktootʃu
influência (f)	таасир	taasir

regime (m)	түзүм	tyzym
conflito (m)	чыр-чатак	tʃır-tʃatak
conspiração (f)	заговор	zagovor
provocação (f)	айгак аракети	ajgak araketi

derrubar (vt)	кулатуу	kulatuu
derrube (m), queda (f)	кулатуу	kulatuu
revolução (f)	ыңкылап	ıŋkılap

golpe (m) de Estado	төңкөрүш	tøŋkøryʃ
golpe (m) militar	аскердик төңкөрүш	askerdik tøŋkøryʃ
crise (f)	каатчылык	kaattʃılık
recessão (f) económica	экономикалык төмөндөө	ekonomikalık tømøndøø
manifestante (m)	демонстрант	demonstrant
manifestação (f)	демонстрация	demonstratsija
lei (f) marcial	согуш абалында	soguʃ abalında
base (f) militar	аскер базасы	asker bazası
estabilidade (f)	туруктуулук	turuktuuluk
estável	туруктуу	turuktuu
exploração (f)	эзүү	ezyy
explorar (vt)	эзүү	ezyy
racismo (m)	расизм	rasizm
racista (m)	расист	rasist
fascismo (m)	фашизм	faʃizm
fascista (m)	фашист	faʃist

194. Países. Diversos

estrangeiro (m)	чет өлкөлүк	tʃet ølkølyk
estrangeiro	чет өлкөлүк	tʃet ølkølyk
no estrangeiro	чет өлкөдө	tʃet ølkødø
emigrante (m)	эмигрант	emigrant
emigração (f)	эмиграция	emigratsija
emigrar (vi)	башка өлкөгө көчүү	baʃka ølkøgø køtʃyy
Ocidente (m)	Батыш	batıʃ
Oriente (m)	Чыгыш	tʃıgıʃ
Extremo Oriente (m)	Алыскы Чыгыш	alıskı tʃıgıʃ
civilização (f)	цивилизация	tsıvilizatsija
humanidade (f)	адамзат	adamzat
mundo (m)	аалам	aalam
paz (f)	тынчтык	tıntʃtık
mundial	дүйнөлүк	dyjnølyk
pátria (f)	мекен	meken
povo (m)	эл	el
população (f)	калк	kalk
gente (f)	адамдар	adamdar
nação (f)	улут	ulut
geração (f)	муун	muun
território (m)	аймак	ajmak
região (f)	регион	region
estado (m)	штат	ʃtat
tradição (f)	салт	salt
costume (m)	үрп-адат	yrp-adat

ecologia (f)	экология	ekologija
índio (m)	индеец	indeets
cigano (m)	цыган	tsıgan
cigana (f)	цыган аял	tsıgan ajal
cigano	цыгандык	tsıgandık
império (m)	империя	imperija
colónia (f)	колония	kolonija
escravidão (f)	кулчулук	kultʃuluk
invasão (f)	басып келүү	basıp kelyy
fome (f)	ачарчылык	atʃartʃılık

195. Grupos religiosos mais importantes. Confissões

religião (f)	дин	din
religioso	диний	dinij
crença (f)	диний ишеним	dinij iʃenim
crer (vt)	ишенүү	iʃenyy
crente (m)	динчил	dintʃil
ateísmo (m)	атеизм	ateizm
ateu (m)	атеист	ateist
cristianismo (m)	Христианчылык	xristiantʃılık
cristão (m)	христиан	xristian
cristão	христиандык	xristiandık
catolicismo (m)	Католицизм	katolitsizm
católico (m)	католик	katolik
católico	католиктер	katolikter
protestantismo (m)	Протестантизм	protestantizm
Igreja (f) Protestante	Протестанттык чиркөө	protestanttık tʃirkөө
protestante (m)	протестанттар	protestanttar
ortodoxia (f)	Православие	pravoslavie
Igreja (f) Ortodoxa	Православдык чиркөө	pravoslavdık tʃirkөө
ortodoxo (m)	православдык	pravoslavdık
presbiterianismo (m)	Пресвитерианчылык	presviteriantʃılık
Igreja (f) Presbiteriana	Пресвитериандык чиркөө	presviteriandık tʃirkөө
presbiteriano (m)	пресвитериандык	presviteriandık
Igreja (f) Luterana	Лютерандык чиркөө	luterandık tʃirkөө
luterano (m)	лютерандык	luterandık
Igreja (f) Batista	Баптизм	baptizm
batista (m)	баптист	baptist
Igreja (f) Anglicana	Англикан чиркөөсү	anglikan tʃirkөөsy
anglicano (m)	англикан	anglikan
mormonismo (m)	Мормондук	mormonduk
mórmon (m)	мормон	mormon

Judaísmo (m)	Иудаизм	iudaizm
judeu (m)	иудей	iudej
budismo (m)	Буддизм	buddizm
budista (m)	буддист	buddist
hinduísmo (m)	Индуизм	induizm
hindu (m)	индуист	induist
Islão (m)	Ислам	islam
muçulmano (m)	мусулман	musulman
muçulmano	мусулмандык	musulmandık
Xiismo (m)	Шиизм	ʃiizm
xiita (m)	шиит	ʃiit
sunismo (m)	Суннизм	sunnizm
sunita (m)	суннит	sunnit

196. Religiões. Padres

padre (m)	поп	pop
Papa (m)	Рим Папасы	rim papası
monge (m)	кечил	ketʃil
freira (f)	кечил аял	ketʃil ajal
pastor (m)	пастор	pastor
abade (m)	аббат	abbat
vigário (m)	викарий	vikarij
bispo (m)	епископ	episkop
cardeal (m)	кардинал	kardinal
pregador (m)	диний үгүттөөчү	dinij ygyttøøtʃy
sermão (m)	үгүт	ygyt
paroquianos (pl)	чиркөө коомунун мүчөлөрү	tʃirkøø koomunun mytʃøløry
crente (m)	динчил	dintʃil
ateu (m)	атеист	ateist

197. Fé. Cristianismo. Islão

Adão	Адам ата	adam ata
Eva	Обо эне	obo ene
Deus (m)	Кудай	kudaj
Senhor (m)	Алла талаа	alla talaa
Todo Poderoso (m)	Кудуреттүү	kudurettyy
pecado (m)	күнөө	kynøø
pecar (vi)	күнөө кылуу	kynøø kıluu

| pecador (m) | күнөөкөр | kynøøkør |
| pecadora (f) | күнөөкөр аял | kynøøkør ajal |

| inferno (m) | тозок | tozok |
| paraíso (m) | бейиш | bejiʃ |

| Jesus | Иса | isa |
| Jesus Cristo | Иса Пайгамбар | isa pajgambar |

Espírito (m) Santo	Ыйык Рух	ıjık ruχ
Salvador (m)	Куткаруучу	kutkaruutʃu
Virgem Maria (f)	Бүбү Мариям	byby marijam

Diabo (m)	Шайтан	ʃajtan
diabólico	шайтан	ʃajtan
Satanás (m)	Шайтан	ʃajtan
satânico	шайтандык	ʃajtandık

anjo (m)	периште	periʃte
anjo (m) da guarda	сактагыч периште	saktagıtʃ periʃte
angélico	периште	periʃte

apóstolo (m)	апостол	apostol
arcanjo (m)	архангель	arχangelʲ
anticristo (m)	антихрист	antiχrist

Igreja (f)	Чиркөө	tʃirkøø
Bíblia (f)	библия	biblija
bíblico	библиялык	biblijalık

Velho Testamento (m)	Эзелки осуят	ezelki osujat
Novo Testamento (m)	Жаңы осуят	dʒaŋı osujat
Evangelho (m)	Евангелие	evangelie
Sagradas Escrituras (f pl)	Ыйык	ıjık
Céu (m)	Жаннат	dʒannat

mandamento (m)	парз	parz
profeta (m)	пайгамбар	pajgambar
profecia (f)	пайгамбар сөзү	pajgambar søzy

Alá	Аллах	allaχ
Maomé	Мухаммед	muχammed
Corão, Alcorão (m)	Куран	kuran

mesquita (f)	мечит	metʃit
mulá (m)	мулла	mulla
oração (f)	дуба	duba
rezar, orar (vi)	дуба кылуу	duba kıluu

peregrinação (f)	зыярат	zıjarat
peregrino (m)	зыяратчы	zıjarattʃı
Meca (f)	Мекке	mekke

igreja (f)	чиркөө	tʃirkøø
templo (m)	ибадаткана	ibadatkana
catedral (f)	чоң чиркөө	tʃoŋ tʃirkøø

gótico	готикалуу	gotikaluu
sinagoga (f)	синагога	sinagoga
mesquita (f)	мечит	metʃit
capela (f)	кичинекей чиркөө	kitʃinekej tʃirkøø
abadia (f)	аббаттык	abbattık
mosteiro (m)	монастырь	monastırʲ
sino (m)	коңгуроо	koŋguroo
campanário (m)	коңгуроо мунарасы	koŋguroo munarası
repicar (vi)	коңгуроо кагуу	koŋguroo kaguu
cruz (f)	крест	krest
cúpula (f)	купол	kupol
ícone (m)	икона	ikona
alma (f)	жан	dʒan
destino (m)	тагдыр	tagdır
mal (m)	жамандык	dʒamandık
bem (m)	жакшылык	dʒakʃılık
vampiro (m)	кан соргуч	kan sorgutʃ
bruxa (f)	жез тумшук	dʒez tumʃuk
demónio (m)	шайтан	ʃajtan
espírito (m)	арбак	arbak
redenção (f)	күнөөнү жуу	kynøøny dʒuu
redimir (vt)	күнөөнү жуу	kynøøny dʒuu
missa (f)	ибадат	ibadat
celebrar a missa	ибадат кылуу	ibadat kıluu
confissão (f)	сыр төгүү	sır tøgyy
confessar-se (vr)	сыр төгүү	sır tøgyy
santo (m)	ыйык	ıjık
sagrado	ыйык	ıjık
água (f) benta	ыйык суу	ıjık suu
ritual (m)	диний ырым-жырым	dinij ırım-dʒırım
ritual	диний ырым-жырым	dinij ırım-dʒırım
sacrifício (m)	курмандык	kurmandık
superstição (f)	ырым-жырым	ırım-dʒırım
supersticioso	ырымчыл	ırımtʃıl
vida (f) depois da morte	тиги дүйнө	tigi dyjnø
vida (f) eterna	түбөлүк жашоо	tybølyk dʒaʃoo

TEMAS DIVERSOS

198. Várias palavras úteis

ajuda (f)	жардам	dʒardam
barreira (f)	тоскоолдук	toskoolduk
base (f)	түп	typ
categoria (f)	категория	kategorija
causa (f)	себеп	sebep
coincidência (f)	дал келгендик	dal kelgendik
coisa (f)	буюм	bujʉm
começo (m)	башталыш	baʃtalɪʃ
cómodo (ex. poltrona ~a)	ынгайлуу	ɪngajluu
comparação (f)	салыштырма	salɪʃtɪrma
compensação (f)	ордун толтуруу	ordun tolturuu
crescimento (m)	өсүү	øsyy
desenvolvimento (m)	өнүгүү	ønygyy
diferença (f)	айырма	ajɪrma
efeito (m)	таасир	taasir
elemento (m)	элемент	element
equilíbrio (m)	теңдем	teŋdem
erro (m)	ката	kata
esforço (m)	күч аракет	kytʃ araket
estilo (m)	стиль	stilʲ
exemplo (m)	мисал	misal
facto (m)	далил	dalil
fim (m)	бүтүү	bytyy
forma (f)	тариз	tariz
frequente	бат-бат	bat-bat
fundo (ex. ~ verde)	фон	fon
género (tipo)	түр	tyr
grau (m)	даража	daradʒa
ideal (m)	идеал	ideal
labirinto (m)	лабиринт	labirint
modo (m)	ыкма	ɪkma
momento (m)	учур	utʃur
objeto (m)	объект	obʰjekt
obstáculo (m)	тоскоолдук	toskoolduk
original (m)	түпнуска	typnuska
padrão	стандарттуу	standarttuu
padrão (m)	стандарт	standart
paragem (pausa)	токтотуу	toktotuu
parte (f)	бөлүгү	bølygy

partícula (f)	бөлүкчө	bølyktʃø
pausa (f)	тыныгуу	tınıguu
posição (f)	позиция	pozitsija
princípio (m)	усул	usul
problema (m)	көйгөй	køjgøj
processo (m)	жараян	dʒarajan
progresso (m)	өнүгүү	ønygyy
propriedade (f)	касиет	kasiet
reação (f)	реакция	reaktsija
risco (m)	тобокел	tobokel
ritmo (m)	темп	temp
segredo (m)	сыр	sır
série (f)	катар	katar
sistema (m)	тутум	tutum
situação (f)	кырдаал	kırdaal
solução (f)	чечүү	tʃetʃyy
tabela (f)	жадыбал	dʒadıbal
termo (ex. ~ técnico)	атоо	atoo
tipo (m)	түр	tyr
urgente	шашылыш	ʃaʃılıʃ
urgentemente	шашылыш	ʃaʃılıʃ
utilidade (f)	пайда	pajda
variante (f)	вариант	variant
variedade (f)	тандоо	tandoo
verdade (f)	чындык	tʃındık
vez (f)	кезек	kezek
zona (f)	алкак	alkak